新课程怎么教丛书

U0635340

XINKECHENG
WULI
ZENMEJIAO

新课程
物理
怎么教

怎样才能很好地适应新课程？怎样才能在新课程教学过程中给学生营造一个良好的氛围，建立平等、民主、信任的新型师生关系？怎样才能引导学生的情感处于积极的、自由的、宽松的心理状态，能自主的参与数学课堂学习？使课堂气氛活跃？我认为要解决这些问题就需要自身不断去积累，不断去学习探究。下面就《新课程怎么教》谈谈自己在学习中的一点体会。

杨 敏　本书编写组◎编著

Xinkecheng
Zenmejiao
Congshu

世界图书出版公司
广州·北京·上海·西安
WPC

图书在版编目（CIP）数据

新课程物理怎么教／《新课程物理怎么教》编写组
编 . —广州：世界图书出版广东有限公司，2011.3（2024.2 重印）
ISBN 978 - 7 - 5100 - 3335 - 3

Ⅰ . ①新… Ⅱ . ①新… Ⅲ . ①中学物理课 - 课堂教学
- 教学法 Ⅳ . ①G633．72

中国版本图书馆 CIP 数据核字（2011）第 036102 号

书　　名	新课程物理怎么教	
	XIN KE CHENG WU LI ZEN ME JIAO	
编　　者	《新课程物理怎么教》编写组	
责任编辑	王　红	
装帧设计	三棵树设计工作组	
出版发行	世界图书出版有限公司　世界图书出版广东有限公司	
地　　址	广州市海珠区新港西路大江冲 25 号	
邮　　编	510300	
电　　话	020-84452179	
网　　址	http://www.gdst.com.cn	
邮　　箱	wpc_gdst@163.com	
经　　销	新华书店	
印　　刷	唐山富达印务有限公司	
开　　本	787mm×1092mm　1/16	
印　　张	13	
字　　数	160 千字	
版　　次	2011 年 3 月第 1 版　2024 年 2 月第 3 次印刷	
国际书号	ISBN　978-7-5100-3335-3	
定　　价	59.80 元	

本 册 编 委

主 编

    黎 波 张 勇 郑蓉梅

副 主 编

    张晓峰 郑其武 唐联珍 曹继松 叶家军 陈旻玥

编 委

肖　平	郑世彬	吴林恒	邱利强	苏雪玲	黄　敏	朱君义
周马健	蒋俊贤	杨树林	沈思聪	廖文超	冒　勇	徐常伟
代向东	曾伟宏	冯了了	王　峰	刘晓勇	曾海燕	唐文凯
方　华	郑添文	罗　成	朱　颖	肖　薇	李霄羽	魏　华
吴振华	蒲　坚	张晓梅	蔡宗全	刘宇雷	王利佳	张艳红
张蓝文	李善才	崔维维				

序　言

　　新课程改革是进入新世纪以后影响我国教育的一件大事，它正在逐渐走进中小学的课堂，重新规范中小学教师的一系列观念、行为。在新课程实施中，有的教师将课程单纯视为教学内容的变革和教材调整，认为只要把新的知识结构教给学生就完成了新课程赋予的使命；有的教师将新课程的实施单纯视作课堂教学方法的重新调整，认为只要教学上体现出新课程的要求就可以了；还有的教师将课堂上学生的参与当作新课程实施的典型体现，认为只要在课堂上和学生互动了，新课程的要求也就实现了……凡此种种，都反映出一些教师对新课程改革认识上的偏颇，导致的结果是课堂并没有真正活起来、动起来，学生的学习方式并没有得到真正的改变，学生的生活世界并没有真正受到关注，学生的生命价值并没有得到真正的体现。

　　其实，新课程改革不是换一套教科书，而是教育领域一次深层次的彻底革命。这场以转变教学理念为先导，以课堂教学改革为核心，以提高教师素质为突破口，以转变教学方式为手段，以"一切为了学生发展"为目标的全面改革，旨在通过培养学生的创新精神和实践能力，全面推进和实施素质教育。新课程改革将改变学生的学习生活，也将改变老师的工作方式、生活方式乃至生存方式。老师的角色已变成学生学习的促进者、引导者、教育教学的研究者、课程和开发者和创建者。所以说，新课程对广大教师来说，既是机遇，又是挑战，教师能不能明确意识到自己面临的机遇和挑战，能不能做出积极的回应和改变，能不能尽快走进新课程，是新课程能不能顺利实施的根本保证。

基于此，我们特别组织了国内新课程实验区示范学校的核心专家和一线教师编写了"新课程怎么教"丛书。这套丛书以初中新课程标准为主，旨在为中学教师实施新课程提供一个创造性的平台，引导教师把新课程的理念落实到每一个教学活动中、落实到每一个学生的身上；帮助教师根据教学目标设计各具特色的教学活动；为教师提供丰富的课程资源；为教师科学地运用评价功能，提出多元的方法和可操作性的建议。丛书具有以下显著特点：

　　一是理念新。课程改革，首先是更新教育教学理念的问题。理念新了，以理念为基础形成的教学方法及其体系才能适应新课程的要求。那么，新课程是建构在哪些新理念之上呢？这些新理念与传统的教育教学理念有什么关系呢？教学实践中，我们又要怎样贯彻落实这些理念呢？本套丛书以现代教学理论为基础，结合实验区教学实践通俗易懂地回答了上述问题。

　　二是内容新。它与新课程实验息息相通，采集援引了大量的新课程实验区的鲜活的教学案例，这些案例用最生动的材料记录了在实验一线的教师的思考，尤其是教学过程实施的具体方式，是一份很难得的关于中国基础教育课程改革的参考文档。

　　总之，本套丛书既是新课程的理论探索和实践操作的高度融合；又是教育科学性与艺术性的高度统一；更是全国各实验区教师对新课程探索实践的智慧结晶，具有全面、系统、通俗、实用、操作性强之特点。

　　当然，由于时间仓促，以及理论研究本身的不足，这套供广大中学教师使用的丛书难免存在谬误之处，敬请学界同行和广大教师批评指正，以便我们不断修订完善。

　　最后，让我们共同期待"新课程怎么教"丛书，对广大教师理解新课程，走进新课程，提高教学水平发挥出积极作用！新课程需要我们共同学习，不断探索，勇于创新实践，才能不断完善！

前　言

　　课程改革是一项系统工程，涉及课程目标、课程结构、课程内容和课程管理等方方面面。这种变革反映了当今经济全球化、文化多元化、社会信息化的时代特点，体现了世界教育发展的趋势。历史经验告诉我们，教育的任何变革关键都在于实施。教师是教育教学的主要参与者和具体实施者，课堂是实施教育教学的主要舞台。课程改革理念如不能转化为教师的教学行为并体现于课堂，再理想的课程改革都不会成功。

　　新课程改革为物理老师开辟了大显身手的创新天地，学科教学从来没有像今天这样思想活跃、举措新颖、策略多样。但是，我们必须看到：新课程不是幻想中的空中楼阁，而是需要理论与实践作为支撑；新课程的建设不是一蹴而就的突击，而是一个不断内化积淀的长期过程；新课程的实践不是纸上谈兵的部署，它需要一批批的志愿兵与生力军去冲锋陷阵。

　　随着国家新课程标准的全面实施，尤其是随着普通物理课程标准实验教材的面世和进入实验区，物理教学无论是在理念层面还是在操作层面，都将面临许多新的挑战。因此，物理教学如何才能适应新课程改革所提出的各项要求，就成了人们关注的焦点。

　　本书依据物理新课程的理念，具体阐述了初中物理新课程教学中的一系列实际问题。主要有以下特色：一是理念的阐述通俗易懂。编者从一线教师的实际需要出发，用一问一答的形式深入浅出地介绍了新的课程理念，使广大物理教师能够轻松地理解新课程"是什么"、"为什么"。二是有大量承载新课程理念的鲜活案例。物理教师们通过这些案例，可真切地感受到如何把课程理念转化为教学行为，解决好"怎么做"的问题。三是针对新课程理念，精选了大量一线物理老师对新课程教学的反思和一些优美的教学随笔，相信会令广大物理老师感同身受。

总之，新课程改革必将给中学教学带来极大的震撼，必将使教学思想和教学管理等方面发生深刻的变化。作为物理教师，新课程改革既是机遇，也是挑战。只要我们从现在做起，从我做起，早日准备，相信是完全可以胜任新课程的教学工作。

本册丛书编写人员有：张勇、郑蓉梅、张晓峰、郑其武、唐联珍、曹继松、叶家军、肖平、吴林恒、陈旻玥、邱利强、苏雪玲、黄敏、朱君义、周马健、蒋俊贤、杨树林、沈思聪、冒勇、徐常伟、代向东、曾伟宏、唐文凯、冯了了、王峰、刘晓勇、曾海燕、方华、郑添文、罗成、朱颖、肖薇、魏华、吴振华、蒲坚、张晓梅、蔡宗全、郑世彬、刘意蓉、刘何军、刘军讯。

在本册丛书的编写过程中，还得到了刘宇雷、樊晓彬、崔维维、岳秀君、姚志强、周少辉、王利佳、曾波、李善才、张蓝文、廖文超、李霄羽等老师的大力支持，在此表示衷心的感谢。

编　者

目录 CONTENTS

▶ **第一章　物理新课程教学初探 ／1**

第一节　为什么要进行物理课程改革 ……………………………… 2

第二节　物理新课程与旧课程究竟有什么不同 ………………… 4

第三节　中学物理课堂教学与以往相比有什么不同 ………… 9

第四节　新课程中学习方式与以往有何不同 ………………… 11

第五节　面对新课程,物理老师如何转变角色 ……………… 15

第六节　新课程对物理教师提出了哪些新要求 …………… 18

第七节　新课程与教师专业化发展有着怎样的联系 …………… 23

第八节　物理教师如何把握新课程标准进行课堂教学 ………… 24

▶ **第二章　新课程下的经典教学课例 ／27**

物态变化中的放热过程 ……………………………………… 28

动与静 ………………………………………………………… 38

探究平面镜成像特点 ………………………………………… 43

空气的"力量" ………………………………………………… 49

物体的浮与沉 ………………………………………………… 57

简单的磁现象 ………………………………………………… 64

CONTENTS 目录

超声与次声 ……………………………………………… 73

欧姆定律 ………………………………………………… 78

▶第三章　物理课堂教学典型问题的解决 /87

现象课教学 ……………………………………………… 88

概念课教学 ……………………………………………… 94

规律课教学 ……………………………………………… 101

应用课教学 ……………………………………………… 110

复习课教学 ……………………………………………… 117

▶第四章　新课程背景下的教学反思 /125

《探究摩擦力的大小与什么有关》教学反思 ……………… 126

《合理利用机械能》教学反思 …………………………… 128

《功率》教学反思 ………………………………………… 130

《探究"凸透镜成像规律"实验》教学反思 ……………… 132

《光的反射》教学反思 …………………………………… 135

《平面镜成像实验》教学反思 …………………………… 137

《电路和电路图》教学反思 ……………………………… 140

目录 CONTENTS

▶ 第五章　优秀物理教学随笔 ／142

我的教育一绝——表扬 ………………………………………………… 143

让学生也来尝试研究 …………………………………………………… 144

种豆得瓜 …………………………………………………………………… 146

由学科内容走向学生体验 ……………………………………………… 148

品尝一节物理示范课的"味" …………………………………………… 150

一次失败的实验 …………………………………………………………… 152

在德育工作中的物理思想 ……………………………………………… 153

▶ 附　录　初中物理新课程标准 ／155

第一部分　前　言 ………………………………………………………… 155

第二部分　课程目标 ……………………………………………………… 159

第三部分　内容标准 ……………………………………………………… 162

第四部分　实施建议 ……………………………………………………… 181

第一章　物理新课程教学初探

　　建国以来，国家教育部门对物理教学大纲进行了多次修订，而物理教材的品种更在百种以上。这些不同版本的大纲、教材都打上了当时的历史印记，也凝聚了大批教育工作者、物理学研究者的心血，是中国教育的一笔宝贵财富。

　　在进入21世纪后，新一轮基础教育课程改革随着新课程标准的制定在全国展开。课程改革成功的关键在教师，教师对新课程的理解与参与是推行新课程改革的前提。这就需要我们教师认真领会新课程改革的精神，理解新课程的理念。

1

第一节　为什么要进行物理课程改革

一、社会发展新需求

随着21世纪的到来，知识经济初见端倪，科学技术及教育在社会发展中的地位日益增强。在人类文明的长河中，科学技术发挥了关键性的作用。例如，信息技术的应用使人类从物质时代向数字时代迈进。当物质世界的一切都能通过智能工具，转化成为一种全新的、非物质的、数字化的编码系列的形态之际，人类生活、生产以及精神发展等都将受到前所未有的巨大冲击。当然数字时代的来临给物理教育带来的冲击也是巨大的、深刻的、全方位的。如数字时代的来临将导致产业结构变革，而这一变革将使物理知识转化为现实生产力的要求发生变化；数字时代的物理教学方式将发生变化，如出现网络学校、多媒体教学等等；数字时代学习物理的主体（学生）变了，出现了随着计算机以及网络文化长大的新一代；数字时代对全体公民的人文素质与科学素质的要求变了。另外，近年来物理学在航天技术、核技术、激光技术、纳米技术以及超导研究等方面有了突破性的进展，这些进展像信息技术一样都对社会产生了相当的影响，同时也对基础物理教育提出了新的要求。

二、学生发展新需求

国际科学教育的发展大体可分为三个阶段。从远古到夸美纽斯、卢梭所处的时代为第一阶段，重在自然事实的教育；从工业革命到20世纪中后叶为第二阶段，重在学科知识的教育；从20世纪80年代开始，进入到第三阶段，即从"掌握科学"到"理解科学"的教育阶段，其基本特征是以教会学生理解科学、善待科学、保持人与自然的和谐共处为主要目的。"理解科学"代表了新科学教育的理想和目标，它不仅指理解科学知识和科学方法，而且还指理解科学的本质与社会效应。从学生发展看，科学教育的目标应强调对学生科学素养的培养；促进学生有意识地学习科学，理解科学；培养学生的适应能力、解决问题能力、运用科学进行决策的能力等等。

目前建构主义作为一种新的认知理论已成为国际科学教育改革的主流理论。建构主义强调学习的自主性、社会性、情境性，由此生发出探究学习和合作学习等现代学习方式。建构式的科学教育更加强调的是探究问题，而不仅仅是了解问题的答案；是批判性思维，而不仅仅是记忆；是在情境中理解，而不仅仅是获得一点信息；是促进学生合作学习、互动和分享思想和信息，而不是无益的竞争。为了培养学生的科学素养，国际科学教育倡导"探究学习"和"合作学习"，即从"记忆的理科"转向"探究的理科"，从"单向教学"转向"合作学习"。

根据有关调研可知，多数中学生希望自己的科学素养能得到培养，能为终身学习打下基础，能发展自己的批判性、创造性思维能力以及科学探索的精神，具有信息的收集传递和处理能力、有效地表达和交流能力以及应变和适应能力等。学生们希望通过基础物理课程的学习，学习必备的物理基础知识和掌握公民必备的通用技能，学习并认识物理学的基本思想、观点和方法，关注并科学地判断科技和社会发展中的问题。因此，基础物理课程的设置应该顺应时代的潮流，注重人的发展，满足社会、学科及个人的发展需求。

第二节　物理新课程与旧课程究竟有什么不同

核心是教育理念不同，物理新课程标准（以下简称"新课标"）提出了五点新理念，现介绍如下。

一、注重全体学生的发展，改变学科本位的观念

义务教育阶段的物理课程应以提高全体学生的科学素质为主要目标，满足每个学生发展的基本需求，改变学科本位的观念，全面提高公民的科学素质。

在传统教学体制下，学生是被动的知识接受者、信息的容器，是学习上孤独的"苦行僧"、残酷的竞争者和沮丧者。课堂教学围绕三个中心，即以书本知识为中心，以教师为中心，以课堂为中心，形成"教师围着书本转，学生围着教师转，师生围着分数转"的怪圈，从而抑制了学生个体的发展。而在新课程背景下的课堂教学，是以提高全体学生的科学素质为主要目标，满足每个学生发展的基本要求，改变学科本位，提倡多元化的教学模式，即在教师的指导下，学生与老师、学生与学生等进行多元互动教学，以实现学生多元智能的个性构建，全面提高学生的科学素质。

1. 以学生发展为本——课程目标的支撑点

传统教学过分强调知识性目标，知识与技能成为教学关注的中心，新的物理课程标准进行了价值为本的转移，即以知识本位向以发展为本转移，以"打好基础，促进学生可持续发展"作为课程目标的基本出发点。

2. 以学生发展为本——课程内容的立足点

新教材的内容不再是封闭性的，不论是章节设计还是实验设计，都具有较大的弹性和开放度，加强了课程内容与学生生活、直接经验以及现代社会与科技发展的联系，关注学生学习的兴趣和经验，精选终身学习必备的物理基础知识和技能，以满足不同学生学习和发展的需要。同时将科学

探究列入新课标，旨在把学习重心从过分强调知识传承和积累向知识的探究转化。探究性学习和自主学习基本上是以问题为主，以学生独立或合作探究为主。探究性学习可以让学生在学习中亲身经历从现实生活中发现和提出问题并解决问题的过程，让学生体验科学探究过程，体验质疑，体验合作，体验挫折，让学生健康成长。

3．以学生发展为本——课程实施的出发点

新课标指导下的教学活动，学生是中心，学生的学是主要矛盾，一切围绕怎样学、怎样才能学好这个中心进行，倡导学生主动参与，培养学生收集和处理信息的能力、获取新知识的能力、分析解决问题的能力及交流合作的能力，以学生的持续发展为出发点。

4．以学生发展为本——课程评价的切入点

新的教学评价方式改变了以往过分强调选拔和甄别的功能，体现了重"发展性"和"多元化"的特点。从评价的目的看，评价是为了"创造适合学生的教育"，而过去的评价则是为了"选择适合教育的学生"。从评价的内容来看，评价突破了学习结果评价的单一范畴，包含了学生对"知识和技能"、"过程和方法"、"情感态度与价值观"的多元评价内容。课程评价契合了促进学生全面发展的作用，体现了以人为本的教育理念。

二、从生活走向物理，从物理走向社会

义务教育阶段的物理课程应贴近学生生活，符合学生认知特点，激发并保持学生的学习兴趣。通过探索物理现象，揭示隐藏在其中的物理规律，并将其应用于生产生活实际，培养学生终身的探索乐趣、良好的思维习惯和初步的科学实践能力。

物理学研究的是自然界最基本的运动规律，而自然界中的物理现象蕴藏着无穷的奥秘，在探索物理现象的过程中应是充满乐趣的。陶行知教育思想的核心，即"生活教育"，其三个组成部分分别是："生活即教育"，"社会即教育"，"教、学、做合一"。国外的教育学家也认为最好的教育就是"从生活中学习"。基于这种教育思想及结合物理教学的实际特点，新课标提出以下内容。

1. 从生活走向物理

物理是贴近学生生活的物理，在教学中教师要巧妙地运用学生在生活中的直接经验，通过探索物理现象，揭示隐藏在其中的物理规律，指导学生学习物理知识。

教学中要善于利用学生的直接生活经验，做好教学准备。如"自行车"，让学生根据生活经验说出自行车的哪些地方用到了摩擦，哪些地方用到了杠杆，怎样减慢车速等，再运用相关知识去解释，这样，学生既有兴趣学，又便于理解。

创设条件，让学生积极地进行生活体验，有利于学生理解和掌握知识。如学完关于杠杆的知识后，可以让学生体验用起子起瓶盖的两种方法，便知道哪一种更省力等。让学生进行课堂与课下的双重体验，既激发学生的学习兴趣，又能让学生更好地掌握知识，为学习新知识打下良好的基础。

鼓励学生在生活中多观察、多思考、多实践。课下布置一些观察作业，培养学生的观察习惯。比如：学习平面镜前，可以让学生观察生活中的各种镜子，寻找它们的相同点和不同点等，为学生观察生活——提出问题——研究问题打下坚实的基础。

2. 从物理走向社会

开创课堂社会探究模式。探究性学习可以让学生在学习过程中亲身经历从现实生活中发现问题、提出问题并解决问题的过程，从中获得知识。通过探究让学生学会对观察到的现象、遇到的问题进行思考。把课堂作为舞台，创设课堂上的小社会环境，让学生关注社会，学会学习。

运用物理知识解决实际问题。以课堂知识为基础，以探究式模式为手段，课下可以安排学生运用所学的知识自行解决一些简单的问题，比如怎样改进家庭的燃具，提高燃料的利用率等。将学到的物理知识及科学研究方法与社会实践及其应用结合起来，实现从物理课堂走向社会，使学生不再认为物理学是枯燥无味的，真正学会学习。

开展社会实践活动。我们都知道物理学的原理、规律，深深地植根于浩瀚的实践之中。学生学习物理规律之前，由于经常和物理现象打交道，已掌握了很多感性知识，给学习物理带来极大的方便。学生通过实践可以检测课堂中所学的知识和方法。通过社会调查、参观访问、资料查询、小制作等培养学生的学习兴趣、创新精神和实践能力，使学生养成勤于思考、勇于实践的习惯，帮助学生更好地理解知识、掌握知识，懂得所学知识的用处，最重要的在于使学生学会如何运用所学知识来分析、解决实际问题。这种方法将使学生终身受益。

三、注重科学探究，提倡学习方式的多样化

物理课程应改变过分强调知识传承的倾向，让学生经历科学探究过程，学习科学研究方法，培养学生的探索精神、实践能力以及创新意识。改革以书本为主、实验为辅的教学模式，提倡多样化的教学方式，鼓励将信息技术渗透在物理教学之中。

1. 科学探究是一种重要的学习方式

新教材对学习方式的改革之一就是激发学生的主体意识，让学生进行探究式的学习，从各章中的"演示实验"、"学生随堂实验"、"想想议议"和"学到什么"等内容都可以体现。学生通过亲身探究，可以发现自己已有的经验与新发现的现象、事实之间的不一致，甚至冲突之处，从而使学生自觉审视、反思并修正自己的经验和认识，从而矫正学生认识上的误区，为学生认识问题和解决问题打下良好的基础。

2. 科学探究是物理学习的内容

物理学不仅指物理知识本身，还包括探索物理知识的思维过程和方法。在物理学习中，学生获取知识的同时，体验和领悟科学家的思维方式，学习科学探究的方法，有利于全面提高自身的科学素养。

3. 科学探究是培养学生创新能力的基本途径

科学探究的基本要素：提出问题——猜想与假设——制订计划与设计实验——进行实验与收集数据——分析与论证——评估——交流与合作。所以科学探究的基本过程是一个科学思维的过程，每一个环节都渗透着思维能力、想象力和创造力的有机结合，体现科学方法的运用。学生从事科学探究，不仅能有效培养创造性思维，多方面开发创造性技能，还可以逐

渐养成实事求是的科学态度和勇于创新的科学精神。

四、重视科学渗透，关心科技发展

结合国际科学教育的理论和实践，建构具有中国特色的物理课程体系，注意不同学科间知识与研究方法的联系和渗透，使学生关心科学技术的新进展和新思想，理解自然界事物之间的相互联系，逐步树立科学的世界观。

正确的科学观和决策能力是未来国民素质的重要组成因素。通过展示物理学发展的大体历程，注意不同学科间知识与研究方法的联系与渗透，让学生学习科学方法和科学家的探索精神，关心科技发展的动态，关心科学技术的新进展和新思想，关注技术应用带来的社会进步和问题，有助于学生形成正确的科学观，有助于学生理解科学与人类文明发展的关系，从而成为未来世界的真正主人。

五、构建新的评价体系

物理课程应该改革单一的以甄别和选拔为目的的评价体系。在新的评价观念指导下，注重过程评价与结果评价相结合，构建多元化、发展性的评价体系，以促进学生素质的全面提高和教师的不断进步。新课标在评价理念上，发生了如下转变：

（1）评价功能上，从过分强调甄别和选拔功能向促进学生全面发展转变。

（2）评价对象上，从过分关注结果的评价向关注过程的评价转变。

（3）评价内容上，从单纯重视学生对知识掌握的评价向重视学生综合素质的评价转变。

（4）评价方法上，强调评价方式多样化。

（5）评价的主体上，从单一的评价主体向多元化的评价主体转变。

第三节 中学物理课堂教学与 以往相比有什么不同

在新的课堂教学理念下，围绕课程的总目标，中学物理课堂教学出现了许多新特征，主要表现为以下六个方面。

一、课堂教学内容的开放特征

新课程教学的任务是培养学生的学习能力。这就决定了新课程的课堂教学内容的开放性。新课标所要求的内容是教学的底线，因而教材内容只是教学内容的基本点，教材不再是教师的"圣经"，也不是供掌握的目的，也不是供记忆的知识仓库，而是教师在教学过程中被加工和重新创造的对象，是教学活动中需要加以利用的主要课程资源。所以，教学的大部分内容需要教师结合本地、本校的实际情况和学生的水平进行开放性教学。

二、课堂教学内容的生活特征

物理课堂教学的理念是"从生活走向物理，从物理走向社会"，即凡是生活中常见的和人类活动息息相关的，或是社会需要的都可以作为教学内容。因而教师要针对不同的教学基本点，充分挖掘生活素材，让学生把常见的生活现象带进物理课堂。

三、课堂教学内容的信息特征

新课程的教学内容是开放的，目的是为了适应信息时代的要求。如今电脑已进入千家万户，引起整个社会生产、生活方式的深刻变化，形成了人们的第二生存空间——"网络空间"。所以，新课程要求教师多角度地向学生提供信息和资料的同时，还要注意培养他们解决问题以及收集信息、处理信息的能力。

四、课堂教学过程的探究特征

科学的本质是对未知世界的探究。物理课是学习科学探究的重要途径，科学探究是物理课程的重要内容，是学生参与式的学习活动。通过探究可以让学生体验到学习科学的乐趣，了解科学方法，获取科学知识，逐步树立科学的创新精神，让学生更多地体验到成功的愉悦，树立科学的批判精神。

五、教学手段的多样化特征

新课标下的教学，鼓励与提倡解决问题的多样化，鼓励实验教学，鼓励采用新技术和现代化教学手段，这样更能给予学生新鲜感，吸引学生积极主动地参与课堂教学。

六、课堂教学的情感特征

新的教学理念要求"以人为本"。学生作为教育活动中最为重要的人的因素，有血有肉，充满智慧的活力，富有想象的情感，是集生活、学习、审美为一体的完整的活生生的人。他们在学习时会用想象去发现问题，会以自己的情感和价值取向建立学习动机并为之努力奋斗。所以我们的课堂教学要探究学生的想法和情感，使课堂教学更加人性化。

第四节　新课程中学习方式与以往有何不同

新课程在学习方式上强调学生主动参与、乐于探究、勤于动手，培养学生收集和处理信息的能力、获取新知识的能力、分析和解决问题的能力以及交流与合作的能力。这就意味着不仅我们的教学方式要发生改变，而且学生的学习方式也要发生改变。学习将成为人们实现自我价值的途径，学会认知、学会做事、学会共同生活（即学会合作）、学会生存（即学会发展）是新时代对人的基本要求，也是我国全面推进素质教育中，学校教育要努力实现的培养目标。

《基础教育课程改革纲要》（试行）突破了以往历次教学改革着重从教师的角度研究变革教的方式，转为从学生的角度研究变革学的方式。

学习方式是学习者持续一贯表现出来的学习策略和学习倾向的总和。学习方式和学习方法不同，学习方式是更为上位的东西，二者类似战略与战术的关系：学习方式相对稳定，学习方法相对灵活，学习方式不仅包括相对的学习方法及其关系，而且涉及学习习惯、学习意识、学习态度、学习品质等心理因素和心灵力量。所以，学习方式对促进学生的发展更具有战略性意义。改变原有的单一、被动的学习方式，建立和形成旨在充分调动、发挥学生主体性的多样化的学习方式，促进学生在教师指导下主动地、富有个性地学习，具有特别重要的现实意义。

一、传统学习方式的特征

长期以来，在我国中小学教育领域中奉行以知识传递为主要价值取向的教学观，致使教师的讲授成为主要的教学形式，中学生的学习主体没有得到应有的重视，甚至否定主体活动给予学生素质发展的真正价值。目前中小学普遍存在的教学方式直接导致了学生一些不良学习方式的形成。

1. "满堂灌"造成学生被动接受的学习方式

教师一上课就开始讲，从描述现象到总结规律，举例子、做习题都是由老师一一包办，有时甚至不给学生提出疑问的机会。学生的大脑就像是盛知识的容器，被动地接受知识，形成了学生被动接受的学习方式。

2. "精讲多练式"造成学生模仿式的学习方式

教师把教学目标只定位在知识的结论上，不重视知识的形成过程，更不讨论研究问题的方法。教师把知识讲成"压缩饼干"，然后让学生反复机械地做习题训练，教师不断地帮助学生归纳解题套路，学生只能解老师讲解过的题目类型，而缺乏解决新问题的能力。

3. "满堂问"造成依赖的学习方式

在教学过程中教师用"满堂问"代替"满堂灌"，教师不断设问，牵着学生的思路走，最终解决问题。这种方法看起来是学生自己发现了结论，表面上锻炼了学生的思维，实际上是教师用自己的思路来代替学生深入思考的过程，给学生创设的探索空间太小，没有教师的引导与帮助，学生就不能自主地探索。这就形成了学生只能跟随教师学而不能自主学的依赖性极强的学习方式。

二、现代学习方式的特征

1. 主动性

主动性是新学习方式的首要特征，与传统学习方式的被动学习构成鲜明的对比。两种学习方式在学生的具体学习生活中分别表现为"要我学"与"我要学"。"要我学"是受强制或者是有外在诱因的。学生不明白自己为谁学，为什么要学，缺乏学习自觉性和责任感，在外界强制作用下逐渐丧失对学习的兴趣，形成恶性循环，最终放弃学习。"我要学"是学生对学习的一种内在需求。学生有很强的好奇心，对知识有强烈的学习欲望。学习对他们来说是一种享受，一种愉快的体验，而不是一种负担，而且学生的学习有明确的目的性，能自觉地把学习跟自己的生活、生命、成长、发展联系起来，不靠别人的督促，自觉地担负起学习的责任，这样的学习才是一种真正有意义的学习。

2. 独立性

独立性是现代学习方式的核心特征，它与传统学习方式的依赖性相对应。如果说主动性表现为"我要学"，那么独立性表现为"我能学"。每个学生，除有特殊原因外，都有相当强的潜在和显在的独立学习能力。教师在教学的过程中应当充分尊重学生独立的要求，积极鼓励并创造机会让学生独立学习，培养学生独立学习的能力。在教学中，努力做到学生能独立学会的知识，就放手让学生独立学习；学生能独立完成的实验，就放手让学生独立完成；学生能独立做的事情，就放手让学生独立去做，以成全学生学习独立性的需求。

3. 独特性

多元智能理论指出：人们的智慧类型各不相同，他们的思考方式、学习需要、学习优势、学习风格也不一样，因此适合个人的具体学习方式是不同的。也就是说，每个学生有自己独特的个性，每个学生的学习方式本质上都是其独特个性的体现。所有的学生不可能都在同一起跑线上，我们的教学不可能要求所有的学生在同样的时间内，运用同样的学习条件，以同样的学习速度掌握同样的学习内容，并达到同样的学习水平和质量。实际上，有效的学习方式都是个性化的，没有放之四海皆有效的统一方式。

4. 体验性

体验性是指由身体性活动与直接经验而产生的情感和意识。体验使学习进入生命领域，因为有了体验，知识的学习不再仅仅属于认知、理性范畴，它已扩展到情感、生理和人格等领域，从而使学习过程不仅是知识增长的过程，同时也是身心和人格健全与发展的过程，体验性是现代学习方式的突出特征。本次课程改革特别强调学生参与，强调"活动"，强调"操作"，强调"实践"，强调"观察"，强调"调查"，强调"探究"，强调"经历"。

5. 问题性

现代教育论研究指出，尽管学生学习是需要感知的，但从本质上讲，感知不是学习产生的根本原因，产生学习的根本原因是问题。没有问题就难以诱发和激起求知欲，没有问题，感觉不到问题的存在，学生也就不会深入去思考，那么学习也就只能是表层和形式的。所以现代学习方式特别强调问题在学习活动中的重要性。一方面强调通过问题来进行学习，把问题看作是学习的动力、起点和贯穿学习过程中的主线；另一方面通过学习来生成问题，把学习过程看成是发现问题、提出问题、分析问题和解决问题的过程。

在我们的教学过程中，随时都有培养学生问题意识的机会，教师应该把握好这些机会，有意识地培养学生的问题意识。自主学习、合作学习、探究学习是新课程倡导的新的学习方式。为何要倡导这几种学习方式，其理由在于：教育必须着眼于学生潜能的唤醒、开掘与提升，促进学生自主发展；必须着眼于学生的全面成长，促进学生认知能力、情感、态度与技能等方面的和谐发展；必须关注学生的生活世界和学生的独特需要，促进学生有特色的发展；必须关注学生的终身学习愿望和能力的形成，促进学生可持续发展。

自主学习（意义学习）是相对于被动学习（机械学习、他主学习）而言的，是指教学条件下学生的高质量的学习。而合作学习是对教学条件下学习的组织形式而言的，相对的是"个体学习"与"竞争学习"。探究学习（发现学习）则是相对于接受学习而言的。它体现出认识问题的全过程。

第五节　面对新课程，物理老师如何转变角色

在新课程背景下，教师是课堂教学中的引路人，是学生自主学习、自主发展的组织者、研究者、服务者，是教学全程的管理者。教师作为学生成长的引路人，知识的训导、传授只是教师角色中的一个方面，而不是唯一的角色。新课堂教学将改变学生的学习生活，也将改变教师的教学生活。教师只有客观、科学、合理地反思自己的角色，摆正自己的位子，才能充分发挥自身的角色作用，充分理解新课程，保证新课程的有效实施。

一、在新课堂教学中，教师成为促进学生发展和自我发展的促进者

《新课程标准》明确指出：现代生活要求公民具有良好的人文素养和科学素养，具备创新精神、合作意识和开放视野，具备包括阅读、理解与表达交流在内的多方面的基本能力，以及运用现代技术收集和处理信息的能力。为了适应社会飞速发展的需要，新课程要求教师成为发掘资源的向导，促使教师成为学生个性发展的催化剂。

二、新课程将促使教师成为实践的研究者

新课程的出现，使教育情景中的问题增多并变得复杂，同时也增加了许多不确定因素。例如：

教学目标与结果的不确定性——由细识、能力、情感、态度、价值观等多元价值取向引起的。

教学对象的不确定性——不用统一的规格和评价标准，进行个别教育。

教学内容的不确定性——课程的综合性增大，教材、教参为教师留有极大的余地。

教学方法与教学过程的不确定性——教师有较大的自主性，可以灵活选择与使用教法。

因此，新课程标准所蕴涵的新理念、新方法以及在新课程实施过程中所出现的各种各样的新问题，大都是用过去的经验和理论难以解释和应付的，教师被动地等待着别人把研究成果送上门来，再不假思索地把这些成果应用到教学中去肯定是行不通的。教师必须行动起来，使自己成为一个教学的研究者，这就意味着教师在教学活动过程中要以研究者的心态置身于教学情境之中，以研究者的眼光和思维去审视和分析教学实践过程中所遇到的各种问题，并不时地对自身的行为进行反思，对不断出现的新问题进行探究，对不断积累的经验进行总结，使其形成规律性的认识。只有把教育教学的实践活动与研究有机地融为一体，教师才有希望从"教书匠"转变为"教育家"，才能持续进步，不断提高教学水平。同时，这也是创造性地实施新课程的保证。

三、教师作为学生体验的导演的角色

新课程的教学内容与学生生活及现代科学技术发展相联系。新课程将促使教师根据学生的发展要求，结合现代社会发展的实际，将课程内容生活化，注重学生的最近发展区，以提高学生的学习兴趣和经验，使课堂教学更接近生活情景。这就要求教师必须是设计活动的导演。不会设计活动、只会"照剧本演戏"的教师将难以完成教学任务。因此，新课程将促使教师具备设计课堂教学的能力、教学实践的能力，成为课堂教学的导演。

四、教师作为变革学习方式，培养学生能力的合作者、交流者和指导者的角色

传统的教师角色主要是以传授课本知识为中心，以掌握知识的多少为主要目的，而新课程的教学更注重的是学生学习策略的运用，给学生提供知识平台。在学生学习过程中，教师在指导和帮助学生主动参与、亲身实践、独立思考、合作探究的同时，要参与到学生的各个环节的学习活动中

去，与学生交流和沟通，准确了解学情，及时引导学生解决问题或调整教学计划，从而实现其学习方式的转变，培养学生收集和处理信息、获取新知识、分析解决问题以及交流合作的能力。在此过程中，教师不是统治者或权威者，而是作为学生的指导者、交流者和合作者，与学生共同探讨问题，分享自己的感情和想法。这体现了新课程体系下教学过程是师生交往、共同发展的互动过程。

第一章 物理新课程教学初探

第六节　新课程对物理教师提出了哪些新要求

21 世纪是一个全球化、信息化的时代，科学技术及其教育在社会发展中的地位日益加强，新的时代特征对物理教师提出了更高的要求和挑战，在本次中学物理课程改革中，物理教师是课程改革的主体之一，教师无论是从观念上还是素质上都需要进一步的学习，以便胜任新世纪的课程需要。新世纪、新课程究竟需要什么样的物理教师？物理教师应具备哪些教学新理念？课程改革对物理教师的素质提出了哪些新的要求呢？

一、物理教师应更新思想，转变观念

思想是行动的先导，没有正确的教育观念做导向，就不会有自觉有效的教育实践。因此，物理教师教育观念的更新是首要的任务。

1. 学生观的转变

新课程的最高宗旨和核心理念是"一切为了每一位学生的发展"。新课程倡导的学生观首先是完整的人，具有独立意义的人。作为完整的人而存在的学生，不仅具备全部的智慧力量和人格力量，而且体验着全部的教育生活。学生是发展中的人，学生的学习客观上存在着个体差异，教师要关注学生的全面发展，尊重学生的个体差异，还学生一个完整的生活世界，丰富学生的精神生活，给予学生全面展示个性力量的时间和空间。在教学中具体应表现为：

（1）在对待师生关系上，强调尊重、赞赏。教师必须尊重每一位学生做人的尊严和价值。尊重学生意味着不伤害学生的自尊心，即不体罚学生，不辱骂学生，不大声训斥学生，不冷落学生，不羞辱、嘲笑学生，不随意当众批评学生。教师不仅要尊重每一位学生，还要学会赞赏每一位学生，赞赏每一位学生的独特性、兴趣、爱好、专长，赞赏每一位学生所取得的哪怕是极其微小的成绩，赞赏每一位学生所付出的努力和所表现出来的善意，赞赏每一位学生对教科书的质疑和对自己的超越。

（2）在对待教学关系上，强调帮助、引导。教的职责在于帮助，帮助学生检视和反思自我，明白自己想要学习什么和获得什么，确立能够达成的目标；帮助学生寻找、收集和利用学习资源；帮助学生设计恰当的学习活动和形成有效的学习方式；帮助学生发现他们所学东西的个人意义和社会价值；帮助学生营造和维持学习过程中积极的心理氛围；帮助学生对学习过程的结果进行评价，并促进评价的内化；帮助学生发现自己的潜能。

教的本质在于引导，引导的特点是含而不露，指而不明，开而不达，引而不发。引导的内容不仅包括方法和思维，同时包括价值和做人。引导可以表现为一种启迪：当学生迷路的时候，教师不轻易告诉方向，而是引导他怎样去辨明方向。引导可以表现为一种激励：当学生登山畏惧的时候，教师不是拖着他走，而是唤起他内在的精神动力，鼓励他不断向上攀登。

2．教学观的转变

新课程倡导的教学观由重知识传授向重全面发展转变，由"大统一"教育向"让每一个孩子选择适合自己的教育"转变，由"以教定学"向"以学定教"转变，由"重结果"向"重结果更重过程"转变，由"知识权威"向"平等和谐"转变，由"教学模式化"向"教学修改化"转变，由预设和封闭的传统教学向生成与开放课堂转变。

在教学过程中，学生是学习的主体，是学习活动的主人，教师的教归根结底是为了学生的学。教学的根本目的是促进学生的发展。学生在学习活动中要充分发挥主体性、主动性、独立性，学生要通过自主、探究、合作的学习方式获取知识，培养各种能力，发展积极的情感、态度和价值观。教师不再是课堂的中心、知识的传授者、教学活动的指挥者，而是学生学习活动的组织者、引导者、参与者，是学生学习能力的培养者，是学生人生的引路人。

3．教材观的转变

新课程改革使我国中小学教材悄然发生着深刻的变化，从原来的"一纲一本"发展到现在的"一标多本"，教材多元化的格局已经形成。在新课程的理念里，教材不再是"教学事实上的唯一依据"，是"学生和教师进行教学的材料"。由此，我们可以接受与此有关的一些教学过程和教学方法的变化：顺序可变、时间可变、实例可换、内容可选。教材虽然是师

第一章　物理新课程教学初探

生共用的，但它主要是学生用的，是学生学习的材料。教师应该引导学生充分利用好教材。此外，教材还应该是落实新课程标准的媒介。新的教材观要求我们不再把教材当作教学活动的目标和对象，而应该把教材看作传递教学信息的重要媒介。作为物理教师，要准确把握新课程的教材观，真正落实"用教材教"，而不是"教教材"。

4. 评价观的改变

新课程背景下教师的评价观要打破过去只靠学习成绩定"乾坤"的单一评价模式，力求体现"评价不仅要关注学生的学业成绩，而且要发现和发展学生各方面的潜能，了解学生发展中的需求，帮助学生认识自我，建立自信，发挥评价的教育功能，促进学生在原有水平上的发展"的改革目标。变单一为多元，多把尺子衡量学生，沿着"突出重点、简化程序、激励推进、促进发展"的评价思路，构建多元、多角度、多层次的教育评价体制，使每个学生的个性都得到健康的发展。

二、物理教师应具备新的能力

1. 课程开发和整合的能力

长期以来，我们实行的是高度统一的国家课程，中小学课程统一内容、统一考试、统一教材教参、统一标准，教师过分依赖教科书和教学参考书，影响了创造力的发挥。进行课程改革后，新课程使教学过程中教师可以支配的因素增多了，课程内容的综合性、弹性加大，教材、教参为教师留有的余地加大，教师可以根据教学需要，采用自己认为最适合的教学形式和教学方法，决定课程资源的开发和利用。再者，新课程倡导民主、开放、科学的课程理念，同时确立了国家、地方、校本三级课程管理政策，这就要求课程必须与教学相互整合，为此，物理教师要具备一定的课程整合能力、课程设计和课程开发的能力。

2. 应用信息技术进行物理教学的能力

未来的社会是信息社会，信息技术为物理教学提供了丰富的教学媒体资源，物理教师要能熟练地通过多媒体技术、电子信息传输网络、人工智能等教学技术，生动、灵活地开展教学工作。由于不同的媒体具有不同的教育特性，教师还必须根据教学目标、教学对象、教学内容、教学条件等选择合适的媒体。现代教学要求物理教师不仅要会使用多媒体进行教学，同时要求教师要能够利用常见的工具软件，如 PowerPoint、Flash、3DMax 等制作简单的多媒体，并能熟练地进行网上查询，利用网上资源充实自己的教学实践。

3．教学创新的能力

"创新是一个民族进步的灵魂，是一个国家兴旺发达的不竭动力。"我们的教育必须努力把"创新"两个字注入青少年的精神内核，让他们拥有创造的欲望。在日常教学中，如何培养学生的创新精神，提高学生的创造能力，这是广大教育工作者正在努力探究的一个课题。作为物理教师，要培养学生的创新精神和实践能力，关键问题是物理教师应具有教学创新的能力。在物理教学中要充分挖掘教材，要有创新意识，敢于突被传统教学模式的束缚，创造性地建构新颖的、符合学生身心发展的教学设计，创设开放的教学情景，营造积极的思维状态和宽松的思维氛围，始终把学生当作课堂教学的主体，肯定学生的"标新立异"、"异想天开"，充分让他们扮演主角，动手、动脑。只有这样，才能使我们的学生在未来日趋激烈的国际竞争中具有强大的竞争力，永远立于不败之地。

4．获取和处理信息的能力

物理新课程鼓励将信息技术渗透在物理教学中，义务教育《课标》指出，"能利用不同渠道收集信息，有初步的信息收集能力"，"学习信息处理方法，有对信息的有效性作出判断的意识，有初步的信息处理能力"。可见，在新课程中，教师应当学会筛选、吸收、利用各种信息的方法，如了解国内外教育发展的最新动态，了解本学科发展的最新进展，从而把握学科发展、教育发展乃至社会发展的脉搏。在这个过程中，不断更新、重组自己的知识结构，从而达到更加胜任教育工作的要求，提高自己的信息素养，以便有能力对学生进行指导，发展学生多方面获取信息的能力，适应发展的社会对人才的要求。

5．教学实施能力

在现代教育理念指导下的教学实施能力不同于传统教育中单纯的讲授能力和答疑能力，而是强调从单一的知识传递变为重视提出问题、解决问题能力的培养，强调学校生活与社会生活的衔接和延续，强调对学生生存能力和创造性的培养。因此，现代教学实施能力不仅包括讲解能力和答疑能力，同时更加重视问题学习、探究学习和合作学习的指导能力，协作教学的能力，促进学生发展的能力等等。

6. 教育、教学研究的能力

新课程所蕴涵的新理念、新方法及新课程实施过程中所遇到的各种各样的新问题，都是过去的经验和理论难以解释和应付的。为此，物理教师必须具备教育、教学研究的能力，在教学过程中，以研究者的心态置于教学情景之中，以研究者的眼光审视和分析教学理论与教学实践中的各种问题，对自身的行为进行反思，对出现的问题进行探究，对积累的经验进行总结，使其形成规律性的认识。教师成为研究者，是教师由"教书匠"转变为"教育家"的前提条件，是教师持续进步的基础，是提高教学水平的关键，是创造性实施新课程的保证。

7. 终身学习的能力

终身学习的能力是指教师在飞速发展的社会环境中，能有意识地不断更新自己的知识体系和能力结构，不断学习各种最新教育理论，保证自己职业能力的适应性。终身学习的能力应包括：终身学习的观念、自我评估的能力、职业发展的设计与规划的能力、在职学习的能力等。

新时代、新课程要求物理教师具备的不只是操作的技能、技巧，还要有直面新情况、分析新问题、解决新矛盾的本领。教师只有不断学习，才能提高自身的素质。终身学习的能力既是社会发展对人的要求，也是教育改革对教师职业角色提出的要求。

总之，新课程给予了物理教师更多的"不确定性"，为教师的自主发展、专业成长提供了更为广阔的空间。新时代、新课程对教师的素质和能力提出了更高的要求，教师不能等待变化的时代适应自己，而要主动适应变化的时代。为此，需要物理教师及时更新观念、转变角色，不断提高、完善自己的素质结构，应该努力达到：既要学有所长，又要广泛猎奇；既要精通一门学科，又要研究相邻学科；既要有理论家的分析、综合、雄辩之才，又要有艺术家的想象、概括、表演之才；既要有科学家的观察、实验、推理之才，又要有语言家的凝练、形象、表达之才。只有这样，才能适应时代对物理教师的要求，从而促进新课程的实施。

第七节　新课程与教师专业化发展有着怎样的联系

教师专业化发展是世界性潮流，它包括教师专业成长的过程以及促进教师专业成长的过程，它是动态发展的过程。它是一个终身学习的过程，是教师职业理想、职业道德、职业情感、社会责任感不断成熟、不断提升、不断创新的过程。另外，新的课程标准对教师素质的要求很高，过去的教师仅仅是单向传授知识，方法单一，好操作。现在强调参与、互动、探究，这对教师来说是一种挑战，要求学生做到的，老师自己要先做到；要学生探究，老师自己要先探究；要学生创造，老师自己要先会创造。过去不少人认为只要掌握学科知识就可以做教师，甚至可以做一名好老师，而是否具备教育学科知识无关紧要。而今天的教师不再是有知识就能当好老师，现在是好老师也不一定永远是好老师。

今天，教师教育应该是"学科性"与"教育性"，"学术性"与"师范性"，"学科专业知识、技能"与"教育专业知识、技能"的统一，是学科专业教育与教育专业教育双专业的整合。要求教师要有渊博的知识、高尚的品德、高超的教学艺术，是一名研究型、反思型、创新型的教师。因此，教师要不断更新观念，持续学习和进步，与时俱进。

教师素质的提高，包括教育观念和教育行为的转变，因此，要保障每一个在职教师都能接受适当的、有效的、持续的培训，引导教师积极主动地对自己的教育、教学活动进行观察、分析和研究，帮助教师分析自己实际教学行为与新课改教育观念的差距，进而主动采取各种方法来弥补、调整和提高，为自身的发展寻求最大的空间。

第一章　物理新课程教学初探

第八节　物理教师如何把握新课程标准进行课堂教学

总的原则是从学生的实际出发，从本地实际出发，重视基础知识的落实，重视基本的物理态度、物理方法的养成教育，不断提高学生应用知识解决实际问题的能力。

一、基本功的训练必不可少

课程改革不是对以前的物理课程及教育方式的全盘否定。物理教师不能从一个极端走向另一个极端。在物理教学中，一些基本的原理、技能和方法永远是物理教学的核心之一。基础不牢，直接影响到学生以后的进一步学习。"双基"本身就是我们优秀的传统，抛弃了它就谈不上丰富学生的科学文化素质。所以课堂教学首先要落实好知识与能力目标。落实这个目标要展开三个层次：

1. 情境创设

情境应贯穿课堂教学的始终。在引发主动学习的启动环节，其基本功能和作用表现在两个方面：一是通过特定的情境，激活学习的问题意识，形成基于问题的学习任务，从而展开提出问题、分析问题、解决问题的学习活动；二是通过特定的情境，使问题与学生原有认知结构中的经验发生联系，激活现有的经验去"同化"或"顺应"学习活动中的新知识，赋予新知识以个体意义，导致认知结构的改组或重建。

2. 新知探究

解决两个问题：一是实现知识内化，即通过解决是什么（陈述性知识）和为什么（建立知识间的联系）的问题，把握知识规律；二是形成学科技能，即通过知识的应用，把握知识应用规律。

3. 知识应用

在这一阶段的教学中，既要完成巩固知识，进行技能性的转化，又要完成把知识转化为能力的任务，还要考虑适应学生的不同智力水平。所以要精心设计训练题，题型要多样化，注意精练性和典型性，要有一定的智力坡度。为此应该设置智力台阶：基础性应用即与教材上的例题同结构、同题型、同难度的模仿性练习题，用于巩固当堂所学的新知识；综合性应用有两个维度，一是本堂课内所学知识点的综合，二是本堂课内所学知识与已学的相关知识的综合；发展性应用有四个维度，一是一题多解，二是多题一思路，三是一题多变，四是学科综合。

二、对学生独立获取知识能力的培养不能成为口号

学生独立获取知识能力的培养就涉及到过程与方法目标的落实。在课堂教学中，教师应不断改变教学方式方法，重视对学生学习方法的指导。

学生学习新知识的过程，是通过师生的多向交流活动，使学生掌握基础知识、基本技能和学科基本思想方法的过程，是学科知识结构和学生认知结构有机结合的过程，这是实现学生在教学中认识主体作用的一次质的转化，也是教师的积极引导和学生积极思维的结果。这里"教"是条件，"学"是关键。从认知程序看，教师是从整体到局部，而学生是从局部到整体，教学过程正是在新知识这个认知连接点上实现认知的转化，即由教变学的转化。在新知学习过程中，一要强调学生的自主探索。这是主动学习的实质性的环节。二要重视学生的合作学习。这是主动学习的拓展性的环节。学生群体在教师的组织和参与下交流、讨论自主探索的学习成果，批判性地考察所提出的各种理论、观点、假说、思路、方法等，内化为个体的智慧，拓展个体知识视野。要给学生留出发挥自主性、积极性和创造性的空间，要给学生提供在不同的情境下建构知识、运用知识、表现自我的多种机会，要让学生通过主动学习形成自我监控、自我反思、自我评价、自我反馈的学习能力。

三、课堂三维目标的落实不能彼此孤立，而应相互融合相互促进

知识与能力是教学目标的核心，它通过过程与方法，情感、态度与价值观目标的实现过程而最终实现；过程与方法是教学目标的组成部分和课堂教学的操作系统，它渗透在知识与能力目标的实现中而实现；情感、态度与价值观是教学目标的组成部分和课堂教学的动力系统，它伴随知识与能力、过程与方法目标的实现而实现。三维目标紧密联系在一起，只能作为一个整体来达成，就像一个长方体的长、宽、高，不能分割开来。

总之，在教学中正确把握新课程标准进行教学，要正确理解新课程标准的涵义，要明确新课程标准的要求，要明确新课程标准与老大纲的区别，要把新课程标准的理念转化为实际教学行为，要用正确的方式方法组织物理教学活动。

第二章 新课程下的经典教学课例

　　在本章中，我们精选了一些教学案例，这些案例不仅渗透着新课程改革的精神，而且提出了切实可行的操作办法，希望能帮助广大物理教师通过案例去领悟，通过评析去提升，通过思考去内化，帮助教师们把"新理念"落实到日常教学工作中，落实到课堂上。

物态变化中的放热过程

曾海燕

一、教学目标

（1）能区别凝固、液化、凝华三种物态变化现象，能描述它们的基本特征。

（2）经历从物理现象和实验中归纳科学规律的过程，学会对探究结果进行分析论证。

（3）会解释自然界或生活中一些简单的物态变化现象。

（4）了解物态变化规律在生活和生产中的应用。

（5）激发学习兴趣，培养团队合作精神和自主学习能力。

二、教材分析

本节是在学习"物态变化中的吸热过程"后进一步"学习物态变化中的放热过程"，理解凝固、液化、凝华三种物态变化过程的基本特征及规律是本节课的重点，对三种物态变化共性和个性特点的认识与理解是本节课的难点。本节课内容繁多，时间紧，所以突出重点，突破难点，抓住关键，优化教学过程，是本节教学设计的关键。

三、学情分析

在此之前学生已经学了物态变化中的吸热过程——熔化、汽化、升华，这为本节课学习物态变化中的放热过程打下了知识基础。

由于学生对冰山、雾、雾凇有着神秘的感觉，对探究它们是怎样形成的有着的强烈的好奇心和求知欲，这为本课学习奠定了积极的情感基础。

在以前的学习中，学生经历过探究性学习过程，对探究活动的七个环节有所体验和训练，具有进行探究学习的基本技能，对物理学研究方法实验法、控制变量法等也有初步的了解，为本节开展探究性学习打下了技能基础。

学生在以前的学习中大致知道了一些凝固、液化、凝华的知识，但对它们的认识仅仅停留在现象表面，认识还比较模糊，理解还不系统和深入。

四、教学设计

由于本节教材涉及凝固、液化和凝华三种物态变化的定义、放热特点及其规律，要在一节课内完成，内容与时间的矛盾尤为突出，主体与主导关系的处理尤为重要。

如果这堂课的设计按照传统的讲法将凝固、液化、凝华分开讲，则会显得结构死板，追求面面俱到，却难以突出重点，而且学生会被教师预设的程序牵着走，显得十分被动，不利于学生的自主学习，学生的主体地位很难充分体现。为此，可作大胆改革，将凝固、液化、凝华三者合一，为学生提供一个以开放性实验体验和互动交流为平台的学习空间，将课堂还给学生，让学生在学习中体会成功的快乐，收获创新的喜悦。

1. 安排提前自学，合理确定教学起点

在前面学习中，学生已经有了物态变化吸热的知识基础，对放热现象并不陌生，完全可以通过预习初步感知本节内容，并在预习反馈中轻松回答三种物态变化的定义。

不要在学生"一学就会、一见便知"的浅显内容上花费较多时间，而应突出重点，把有限的时间放在学生疑难问题的解决上，放在学生深入进行实验探究体验及互动交流上。这既是对教学起点的合理选择，也是对教学过程的优化统筹，更加符合学情。

2. 自主探究，突破重点

理解三种物态变化过程的基本特征及规律是本节课的重点，采用的教法可以是"实验探究"和"任务驱动"。教师为每组学生提供六种以上实验器材，让学生利用它们以及身边的物品做实验，通过实验再现三种物态变化情景，并在实验过程中观察发现规律。

这种设计的创新亮点是：以任务激励为动力，以自主选择器材、自主设计方案、自主进行实验为学习方式，让学生在"想一想、动一动、议一议"实践活动中，享受思维与行为的自由驰骋。学生用自己的智慧去设计，用自己的双手去实践，用自己的眼睛去观察，用自己的头脑去思考，这种体验是深刻的，印象是难忘的，原来不会的学生在"摆弄"中逐渐学会，已经会的学生在"摆弄"中加深理解，学习过程是自主的，学生的智慧得到极大发挥，常有"出人意料"的创新之作让师生"刮目相看"。

3. 互动交流，突破难点

对三种物态变化共性和个性特点的认识与理解，是本节课的难点。

采用的教法是：在学生实验体验的基础上，通过交流汇报——问题设置——疑问剖析——演示实验辅助等办法加以突破。

本环节设计的创新亮点是：恰当设计了学生的主体活动和教师的主导作用，使两者有机和谐地统一于一体。

教师的主导作用体现在：通过层层深入的系列问题，引导学生透过物理现象表面，寻找事物的共同特征与区别，渗透物理学"实验法"、"对比法"、"逆向思维法"、"实践与理论相结合"等的研究方法。

学生的主体地位体现在：汇报实验成果，分析现象产生原因，自主梳理和提炼规律等，少了教师的包办代替，没了教师的直接告诉。

4. 联系生活，注重知识应用

本节提供的大量图片、实验器材都来自生活，让学生感觉到物理知识就在身边，并且通过对一些生活中现象的解释，让学生懂得合理地将物理知识应用于实际生活的道理。

5. 合理筛选和利用教学资源

精心选用了多媒体课件、录像、实验器材等，有的用于创设情景，有的用于实验探究，有的用来突破难点，有的用来拓展视野，使教学过程多姿多彩，不仅有知识的收获，也经历了一场愉悦的心灵交流之旅。

五、教学流程

（一）创设情景，引入新课

首先，在一首优美动听的音乐伴奏下，大屏幕上呈现三幅美丽的自然奇观图片，教师用诗的语言把学生带入冰、雾、霜形成的冰雪世界，吸引学生们的听觉与视觉，让学生在愉悦的心境中进入学习状态。

接着师提问：这些美丽的自然现象是怎么形成的呢？这就是我们今天研究的课题。

（板书：第三节　物态变化中的放热过程）

【设计意图】

通过播放优美的音乐和图片，创设教学情景，激发学生学习新课的热情和探究欲望。

（二）温故知新，得出定义

请学生回忆前几节学过的三种物态变化名称及共同特点。

固体 —→ 液体 —→ 气体

提问：那么相反的过程呢？

学生通过昨天的预习回答出：凝固、液化、凝华三种物态变化的定义。

固体 ←— 液体 ←— 气体

【设计意图】

三种物态变化的定义在教科书中能够直接找到答案，采用开门见山，学生直接回答的办法符合并尊重学生的认知现状，同时巧妙地节约了时间，把时间留给了后面的探究交流环节。

（三）列举事例，实验体验

请学生列举日常生活中常见这三种物态变化现象。学生举例回答。

教师引导：刚才，同学们列举了很多实际生活中的例子，看来同学们对这三种物态变化知识已经有了初步的认识，但有些知识还比较模糊。下面就让我们通过实验体验，进一步加深对三个物态变化的认识。

1. 交代分组实验器材

冰冻的红苹果一个、红蜡烛一个、打火机一个、小方块玻璃片一个、质量相等的冰水和开水各一杯、装有碘的试管一个、黑灯泡一个、抹布一张、针筒一个。（多媒体出示实物图片，桌上分小组提供实验器材）

（提示：同学们也可利用自己身边的一些器材进行实验）

2．交代实验目的

（1）用实验器材再现三种物态变化现象。

（2）分析这些现象产生的原因。

（3）思考这些现象的共性和区别。

3．交代实验注意事项

（1）使用蜡烛时注意安全，用完后及时熄灭。

（2）注意避免热水烫手。

（3）小组内注意分工合作。

下面我们就来比一比看哪组的设计更巧妙，观察更仔细，实验方法更简单。

（学生分组实验，教师巡回指导）

【设计意图】

让学生自主选择器材并进行实验，更加深刻地理解这三种现象，同时初步感知其中的规律及特点，并在自主设计、创新设计中获得快乐和成功的喜悦。

（四）互动交流，提炼规律

学生分组汇报实验结果，通过系列问题启发，引导学生深入思考，挖掘实验现象背后贮藏的规律。

1．第一类：凝固现象

学生交流：

（1）蜡烛点燃后再熄灭，烛液滴到手上、纸上、玻璃片上会凝固。

（2）烛液滴在热水杯中不会凝固，滴在冰水杯中会凝固。

（这是个创新实验，其做法学生一般想不到，需教师巡视时提示）

教师设问：

（1）你是怎么判断它是凝固现象的？（学生答：烛液由液态变为固态，根据凝固的定义可得）

（2）为什么烛液滴在热水杯中不会凝固（呈油状），而滴在冰水杯中却会凝固？（学生答：热水温度高，冰水温度低）

（3）说明凝固的过程需要一个什么条件？（学生答：遇冷）

（4）"遇冷"的实质是什么？（学生答：由于存在温度差，高温物体才能放热，实现凝固）

这组设问目的：让现象回归定义本身；通过实验现象分析，理解凝固需要放热；体会遇冷与放热的联系。

2. 第二类：液化现象

学生交流：

（1）观察到冰冻的苹果上面有水；用玻璃片盖在热水杯上，看到玻璃片上出现水珠等。（使用教师提供的器材）

（2）用手表靠近热水杯，手表盖出现白雾；对着眼镜哈气，镜片会变得模糊等。（使用自身物品做实验）

（3）用手封闭针筒口，用力推活塞加压空气，针筒壁会出现白雾。（此实验创新之处在于选择压缩空气，环保、经济，利于推广）

教师评价：肯定学生的创作成果，表扬学生善于利用身边物品做实验。

教师设问：

（1）水珠、水雾等都是什么物质？怎么来的呢？（学生答：液态水，由空气中的水蒸气液化而来）

（2）空气中到处都是水蒸气，为什么桌面上看不到小水珠呢？（学生答：需要遇冷）

（3）有几种方式可以使气体液化？（学生答：遇冷和加压）

这组设问目的：进一步强化液化要放热，学生通过不同实验方案的对比，非常自然的体会到液化有两种方式。

3. 第三类：凝华现象

学生交流：

将碘管放在蜡烛上，碘粉升华成紫色的碘蒸气，碘管离开蜡烛，碘蒸气会凝华成碘粉。用抹布擦黑灯泡，怎么也擦不干净，是灯泡内壁附着有凝华后的物质。

教师设问：

（1）如果碘管不离开蜡烛会不会发生凝华现象呢？（学生回答：不会，因为它必须要遇冷）

（2）实验说明凝华需要什么条件？（学生回答：放热）

【设计意图】

让学生在交流过程中碰撞出智慧的火花，从中发现这三种物态变化的共同点和不同点，培养学生的观察能力、对比能力以及分析能力。

师：刚才，在交流过程中，同学们不仅汇报了各自的实验做法、观察到的现象，还很好地解释了这些现象的成因，并且还总结了一些特点和规律，接下来我们就对这些规律进行梳理和提炼。

教师设问：

（1）这三种物态变化的共同点是什么？刚才的哪些实验可以加以证明。（学生回答：共同点是放热）

（2）不同点有哪些？（学生容易得出：液化有两种方法，遇冷和加压。学生不容易得出：晶体凝固的条件和特点）

（3）晶体凝固是晶体熔化的逆过程，晶体熔化有特殊的条件和特点，晶体凝固有吗？

播放录像：通过视频，观看学生课外进行的"海波凝固实验"。（多媒体播放视频）

学生总结：晶体凝固条件是达到熔点继续吸热，晶体凝固的特点是吸热温度保持不变。

【设计意图】

在前面分组交流的基础上，让学生自主进行归纳提炼，既体现了思维训练的层次性、渐进性，也培养了学生的归纳总结能力。播放学生"海波凝固实验"录像，既尊重物理以实验为基础，又解决了课堂演示耗时太久多的难题。

（五）知识应用，深化理解

我们学习物理知识的目的在于将知识应用于实际生活，下面我们就一起来解释以下两种做法。

例1：北方冬天的地窖里存蔬菜，人们常在地窖里放几桶水，以防止菜被冻坏，你知道这是为什么吗？

学生回答：地窖放水是利用凝固放热。

例2：医生使用口腔观察镜时，要先酒精灯上烤一烤，这是为什么？

学生回答：口腔镜为防止液化——增加玻璃温度——不遇冷不放热。

教师追问：通过上述两例分析，你能总结出解决实际问题的思路吗？

学生回答：当物态变化现象发生对我们生活有益时就要利用它，有害时就要阻止它的发生。

教师追问：怎么阻止它呢？

学生回答：不让两物体之间有温度差（或尽量减小温度差），就不会发生物态变化。

小结

通过控制物体间的温度差，来控制物态变化放热现象的发生，从而满足人们应用时的实际需求。

请学生再举生活或生产中应用的两个实例。

【设计意图】

通过实例分析，总结出应用知识解决实际问题的思路和方法，进一步体会"物理来源于生活又运用于生活"的道理，使学生产生有应用知识解决实际问题的愿望。

（六）总结反馈，布置作业

请学生总结本节主要知识，并谈谈在知识、能力、方法上的收获。

课堂反馈练习

1. 由图判断出_____图线是晶体，该晶体的熔点是_____℃，熔化时间是_____分钟，另一图线的物质可能是_____。

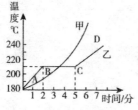

2. 壶嘴的白气是怎么形成的？

3. 无论是盛夏还是严冬，在装有空调的房屋玻璃窗上，常常有小水珠附着在上面。   （   ）

A. 小水珠总是附着在玻璃的内表面

B. 小水珠总是附着在玻璃的外表面

C. 夏天和冬天小水珠分别附着在玻璃的外表面和内表面

D. 夏天和冬天小水珠分别附着在玻璃的内表面和外表面

4. 布置课后实践作业：

（1）制造人工雾凇。

（2）探索冰箱的原理。

【设计意图】

通过布置实践性作业，激发学生课后继续探究的愿望，让学生将物理知识从课内延伸到课外，促进对知识的灵活掌握和运用。

附件一

学生预习题
物态变化中的放热过程

课前预习题：

1. 物质从液态变为固态的过程称＿＿＿＿＿＿＿＿＿＿＿。

   物质从气态变为液态的过程称＿＿＿＿＿＿＿＿＿＿＿。

   物质从气态直接变为固态的过程称＿＿＿＿＿＿＿＿＿＿＿。

2. 根据日常生活中的事例列举常见的凝固、液化、凝华现象。

   凝固现象举例：＿＿＿＿＿＿＿＿＿＿＿＿＿＿＿＿

   液化现象举例：＿＿＿＿＿＿＿＿＿＿＿＿＿＿＿＿

   凝华现象举例：＿＿＿＿＿＿＿＿＿＿＿＿＿＿＿＿

3. 冰山、雾、雾凇是怎样形成的？

4. 请思考：凝固、液化、凝华的特点是什么？

附件二

学生实验单

物态变化名称	所选实验器材及观察到的现象
凝固	
液化	
凝华	

附件三

课后作业

1. 考考你的智慧：如何制造人工雾凇？

    实验器材：樟脑丸　酒精灯　树枝　烧杯玻璃盖

2. 探索冰箱的原理。

附件四

板书设计

第三节　物态变化中的放热过程

（一）定义　　　（二）实验体验　　　（三）提炼规律

①液态 $\xleftrightarrow{\text{凝固}}$ 固态　　　　　　　　　共同点：放热

②气态 $\xleftrightarrow{\text{液化}}$ 液态　　　　　　　　　不同点：液化的两种方式

③气态 $\xleftrightarrow{\text{凝华}}$ 固态　　　　　　　　　　　　　晶体凝固的条件和特点

　　　　　　　　　　　　　　　　　　　　（四）应用

第二节　动与静

廖品友

一、教学目标

1. 知道机械运动的概念；根据参照物描述物体的运动情况；理解描述物体运动与静止的相对性，并应用到生产、生活中。

2. 通过世界万物的运动现象，培养学生分析、归纳的能力；通过参照物的引入，培养学生将事物两方面的矛盾有机结合的能力；通过运动与静止的相对性的认识，培养学生将物理知识服务于社会的能力。

3. 感受世界动与静结合的美。

二、教材分析

1. 理解对物体运动的描述：运动与静止的相对性（难点）。

2. 根据参照物的不同描述物体的运动情况（重点）。

三、学情分析

初二的学生刚开始学习物理，所以教师需要首先调动学生学习物理的热情，其次要将这种热情升华成兴趣。教师需要通过图片以及视频等形式引导学生进入情境设置，感受运动时自然界的基本规律。

四、教学设计

本节教材安排两部分的内容：运动的世界和运动的描述。初二的学生刚开始系统地学习物理知识，教材根据学生的认知特点及其科学学习的一般方法（从简单到复杂），从学生最熟悉的运动开始，通过大量动感美的图片使学生认识到我们周围的世界乃至于遥远的星球都在不停息地运动着，而万物的运动又有所差别，那么我们用什么方法能将复杂的运动简洁地进行描述呢？这就是参照物。有了这个标准，我们将万物纷繁的运动，用动与静的描述完美的统一起来，并应用到生产、生活中。这就是物理学从骨子里透出的一种美，激发热爱它的人为它孜孜不倦地追求一生。

五、教学流程

（一）导入

师：中国在 2008 年 8 月 8 日举办了奥运会（教师使用多媒体展示一部分比赛项目的简笔画），请同学们猜猜它是什么运动？

生：学生根据简笔画的内容回答问题。

师：在学生回答的基础上，引出本章本节关于运动的主题。

【设计意图】

结合学生的心理特征，结合身边的国家大事，用游戏的方式更容易激发学生的学习兴趣。

（二）新课教学

第一环节：运动的世界

师：用多媒体展示一段文字。2008 年 5 月 12 日，一场强烈的地震使绵竹汉旺镇的一座钟楼上的钟永远定格在 "14：28" 那一时刻。那一瞬间，天崩地裂，地动山摇，成片的房屋倒塌，世界仿佛凝固了。在这之前，这里还是一个有序、充满动感的世界：汽车穿梭在城市的大街小巷，在微风轻拂的河边上，精神矍铄的老者悠闲的在河边垂钓，那不时下沉的浮标带给老者一次次的喜悦，连旁边陪伴老者的小狗也不愿辜负那美景，不时地在草地上撒着欢的跑。不经意的一抬头，飞机在头顶转眼而逝，俯视脚下，地球也在不甘寂寞地绕着太阳旋转，日出日落，春去秋来。你若以为太阳是宇宙的中心，你便犯了哥白尼的错误。太阳不过是运转的银河系里的一颗星球而已，而在众多的星系里，许多的星系正远离我们而去，我们生活的宇宙正在不断地膨胀。

根据上述这段文字，思考以下两个问题：

（1）这段文字给我们描述了怎样的一个世界？

（2）你是否还能列举不同于上述形式的运动？（如微观世界分子的运动）

生：感受世界的运动美，思考、归纳、举例并交流。

（板书：自然界的一切物体都在不停地运动）

【设计意图】

通过学生亲身经历的事物创立情景更易激发学生的情感共鸣，为学生的主动思考起到良好的牵引作用；"问（1）"培养学生分析归纳能力，"问（2）"对学生渗透科学的研究方法：从宏观到微观。

第二环节：运动的描述

1. 机械运动

师：上面的一段文字告诉我们，自然万物都在不停运动，人们用哪些方式描述运动的世界？假如你是科学家，你是怎样描述上段文字中物体的运动呢？引出机械运动的概念。

生：通过讨论、思考、看书、回答出机械运动的概念。

（板书：机械运动的概念：物理学中，把一个物体相对于另一个物体的相对位置的改变称为机械运动）

生：列举身边做机械运动的事例。

【设计意图】

描述运动的世界有多种形式，培养学生从某个特定角度研究问题的能力；为运动的描述打下伏笔，承上启下，培养学生层层深入的思维能力。通过举例学生明白机械运动是宇宙的普遍现象。

2. 运动与静止的相对性

师：用多媒体展示一幅漫画，请学生思考两位主角关于"不动"二字含义的理解。

文字描述：话说老猪偷吃了人参果后，自知罪孽深重，便逃到了蛾眉山金顶上避难。老孙追到山脚，意欲将他捉拿归案。（二者对话）

老猪：你不动，你能抓住我，我便认输。

老孙：我不动，也能将你擒拿到手。

生：学生分角色思考回答问题，评价对方观点，并找出描述物体运动方法的关键所在。

师：通过学生的讨论与交流，明确漫画人物对于"不动"二字确定的内涵是不同的，关键在于他们所选的参照标准不同。教师引出参照物。

（板书：参照物：在描述物体的运动状况时，事先选定作为参照标准的物体，叫参照物。）

生：找出机械运动概念中哪个"物体"是参照物。

师：请学生根据机械运动的概念结合参照物归纳出描述物体运动的方法。

生：学生通过看书归纳出描述物体运动的方法并交流。

（板书：描述物体运动的方法：描述的物体相对于参照物的位置在改变，物体在运动；若位置未改变，物体静止。）

【设计意图】

培养学生的表达能力、评价能力，打破单一的教师评价模式，体现学生在学习中的主体地位。加深对机械运动的理解。通过看书，培养学生归纳能力。

师：出示课堂练习。

（1）将学生分为两组，一组同学说出参照物，另一组同学描述物体的运动情况。

（2）同上，交换出题权，一组同学描述出物体的运动，另一组同学指出相应的参照物。（注意出题的广度如歌词、诗句、奥运比赛等）

生：尽可能使全班同学参与答题与出题。

师：通过刚才的练习，请同学们谈谈你对描述物体"运动与静止相对性"的理解？

生：学生讨论、思考并回答。

【设计意图】

培养学生应用知识的能力，改变教师出题学生回答的常规模式，促进学生课堂学习的自主管理，加深对参照物作用的理解。

3. 运动与静止相对性的应用

师：请学生结合生产、生活来列举相关的事例，并感受这种动与静结

第二章 新课程下的经典教学课例

41

合之美。教师给予适当的补充：如拍电影中孙悟空上天的镜头。

生：学生列举相关事例。

【设计意图】

通过列举事例，使学生明白物理来源于生活，并服务于生活。

【环节实施预设】

在该环节的教学中，对于能力较强的班级，从"机械运动"、"参照物"、"运动与静止的相对性""课堂联系"四个环节，应充分发挥学生的主动性，教师只在关键环节进行点拨；而对于能力较弱的班级，教师在处理这四个环节时，应更多采取循循善诱的方法，引导得更多一些。

4．课堂小结

师：请学生谈谈通过本节课的学习，你获得了哪些知识与能力？你还想知道什么？情感上有哪些收获？

生：各小组进行评估与交流。

【设计意图】

渗透教学的三维目标，以达到"润物细无声"的境界。

附　课堂练习及作业

课堂练习：课本 20 至 21 页"作业"。

布置作业：上网查找关于地球同步通讯卫星名字的来历及其用途。

【设计意图】

学生通过查找明白物理与科学的密切关系。

探究平面镜成像特点

魏华

一、教学目标

（1）能列举生活中的平面镜，知道平面镜成像的特点，了解平面镜成虚像，初步了解平面镜成像特点的应用。

（2）体验用"替代法"确定像的位置的研究方法；通过经历平面镜成像特点的实验探究过程，培养学生描述现象、归纳结论的能力；通过交流汇报，培养学生的概括能力、语言表达能力；通过让学生"找错误"、"解决视力表的距离问题"，让学生学会应用所学的知识。

（3）通过欣赏图片，让学生领略大自然中"平面镜成像"现象的对称美与和谐美，培养学生乐于探究自然奥妙的兴趣和愿望；培养学生实事求是的科学态度。

二、教材分析

本课依据的教材是北师大版教材第五章《光现象》中的第三节《探究平面镜成像的特点》，本节内容是光学部分的教学重点之一。学生在学习了光沿直线传播与光的反射的基础上，进一步学习平面镜成像的特点、原理及应用。本课中学生首次接触"像"这个新概念，后面还将学到"凸透镜成像"，本课具有承前启后的重要作用。

教材突出了学生的探究活动，把科学方法的学习和科学知识的学习放到同等重要的地位，更加注重让学生亲身体验物理规律的得出过程，让学生在体验中感受探究的快乐，感受成功的喜悦。

三、学情分析

平面镜是学生生活中常见的物品，对镜子所成的像学生具有一些"前概念"，比如感觉到"镜中的像与物左右相反"、"像近大远小"等。但对平面镜成像的特点没有仔细地研究过，对"像"的认识处于模糊阶段。如果在教学中采用"概念外显、认知冲突、概念澄清、变式练习"四阶段教学策略，能有效促进学生的前概念向科学概念转化。

尽管本课的探究是学生光学中的首次科学探究活动，但在前几章的学习中已经历了几次科学探究，这就为本课的探究学习奠定了一定的方法和技能基础。

四、教学设计

1. 重视思维训练

学生探究是本课教学的重点。为了避免探究过程的盲目性和形式化，使探究活动达到启迪学生思维、发展学生能力的目的，老师没有为学生直接提供实验器材及实验方法，也没有直接告诉学生"要怎样做"、"应该这样做"，而是转变角色，既作为学习活动中的参与者，与学生一起设计、修改和完善实验方案，也作为教学活动中的引导者，在学生思维受阻时给予适时适当的引导和启发。在学生交流环节，让学生自己分析误差产生的原因；在教学反馈环节，安排了"找图中错误"等思维练习活动。这些教学方式的运用，使学生的主动性、自主性得到较充分的发挥，促进了学生良好思维品质的形成，促进了学生思维能力的发展。

2. 注重过程体验

学生要以积极的状态投入学习，离不开体验，而这种体验是在真实生活和具体实践中产生的，课堂应成为学生体验、感悟、参与的舞台。创设探究条件，让学生在探究中学习正是为学生搭建这种舞台。例如：在提出猜想的环节，让学生用小镜子观察自己或周围的同学，根据观察提出自己的猜想，这样的猜想有感而发，更真实、更实际。在实验探究中，让学生根据自己的猜想或者兴趣自主选择、进行实验探究，同时，为学生提供电池、胶棒、国际象棋子这些色彩鲜艳、易操作、易观察的器材，让学生在可选择的条件下通过动手、动眼和动脑来完成科学探究。

3. 关注交往与合作

教学过程不仅仅是一个认知过程，也是师生、生生交往与合作的过程。在实验方案的设计环节，老师采用了实验演示和师生合作讨论的方式；在实验探究环节，采用了学生分组、分工合作完成的方式；在交流总结环节，采用了小组交流、师生共同评估的方式。这种多层次、多形式的交流与合作，培养了学生间相互合作、共同探索的团队精神。

4. 体现学科综合

新课程倡导合理开发和利用课程资源，改变学科本位，推进课程整合，让学生在科学情境、人文情境中感受求知的快乐。老师在本节教学中，开发了与教学内容相辅相成的其他学科资源，如小女孩在镜前玩耍的生活片段，CAI 动画课件，找错误的图片，对称的自然风景，优雅的配乐等，将它们合理运用到教学环节中，力求创设引人入胜的教学情境，使学生在求知的同时，深刻感受科学的美、艺术的美、自然的美，把枯燥的学习过程变成了一次难忘的生命之旅，学生良好的心理感受转化为积极的学习心向，促进了知识的学习和掌握，促进了持久学习愿望的形成。

五、教学流程

（一）导入

师：播放"小女孩与镜中的朋友玩耍"的录像片断。

生：学生观看录像，进入学习情景。

【设计意图】

通过观看录像片段，创设轻松愉快的气氛，激发学生学习的欲望。

师：提出问题"镜中为什么有一个小朋友？""生活中还有什么物体能成像？"

生：根据生活经验回答问题，并列举生活中用来成像的物品如水面、墙砖、勺等等。

师：介绍平面镜的概念。

【设计意图】

通过列举能够成像的物品，让学生明确本课的学习内容为平面镜，并让学生感受到物理与生活的紧密联系。

（二）新课教学

1．观察与猜想

师：提出问题"镜中的像与物体有什么关系？"为学生提供器材平面镜，让学生进行观察。

生：学生通过照镜子，提出关于像与物关系的猜想。

师：板书写出学生提出的各种猜想，然后引导学生对猜想进行分类，分为像与物的大小关系，像与物到镜面的距离，像与物的左右关系、上下关系等等。

【设计意图】

学生通过观察提出各种猜想，思路不受限制，使探究活动具有真实性。

2．制定实验计划

师：提出问题，要完成对"像与物的关系"实验探究，需要哪些器材？

生：列举器材，镜子、刻度尺、物体。

师：将蜡烛放在一块平面镜前方，让学生观察到蜡烛和蜡烛在镜中成的像。并提出"有了器材，让我们共同讨论确定实验的具体方案。例如，要研究像与物的大小关系，我们应该怎样做呢？"

生：提出初步方法，即用刻度尺测量像与物高度是否相同。

生：上台演示，用刻度尺对物体和镜中的像进行测量，发现实验障碍：无法将刻度尺与像紧贴在一起。

师：引导学生找出产生实验障碍的原因，即平面镜成的像并不在镜面上，而是在镜面的后方。由于平面镜的后面渡了一层不透光的物质，我们不能透过镜子观察到镜子的后方，因此我们无法在镜子的后方对像进行测量。

生：提出改进实验的方案，用玻璃替代镜子。

师：将镜子改为玻璃，把蜡烛点燃。提出问题：如何测量像？

生：列举方法，用一个与像相同的东西放在玻璃板后方，直到与像完全重合。

师：肯定学生的方案，并介绍这种通过物体把像的位置确定，也把它的形状大小表现出来，这样的方法叫做替代法。有了这个替代物，要研究像的大小与物的大小关系，以及像到镜面的距离与物到镜面的距离关系以及其他物像关系就很容易了。

【设计意图】

本环节为教学的难点。教师在这个环节，没有按照以往的教学直接给出实验方案：用玻璃成像、让物体重合像来完成该实验。而是让学生在对"像"进行测量时体验失败，在教师的引导下总结原因、逐步改进实验方案，使得学生的探究过程不再盲目化和形式化，使探究活动达到启迪学生思维、发展学生能力的目的。

3．分组实验

师：为各小组提供器材，如玻璃板，支架、刻度尺、纸、电池、胶棒、国际象棋子等等。

生：各小组的同学可以从四个物像关系中选择一个或两个进行研究，也可以选择猜想中的其他关系来研究。实验完成后，请将结论填写在实验单上。

【设计意图】

学生经历探究过程，体验探究方法，发展探究能力。通过分小组实验培养学生之间的相互协作能力。

在探究过程中，教师为学生提供多样化的器材，让学生在可选择的条件下通过动手、动眼和动脑来完成科学探究。同时，不限制学生探究的问题，让学生可以根据自己的兴趣或疑问，进行有选择性的探究，这样，使本课的实验探究更具真实性、目的性及创造性。

4．交流汇报及归纳总结

师：在大家实验过程中，老师看到不同的小组选择了不同的问题进行研究，接下来，就请各小组交流一下你们观察到什么现象，得到了什么结论。

生：学生汇报实验过程及结论。

师：让学生充分交流各自的探究成果，教师给予点评。并对部分结果的误差分析原因：玻璃板没有垂直，描线时没有紧贴物体，替代物与像没有完全重合，测量时没有找到对应的点。

【设计意图】

学生在交流实验探究结果时，让语言的组织能力和表达能力得以较好的锻炼。同时针对实验中的误差，教师不采取回避态度，引导学生分析产生误差的原因，这样，再一次让学生的思维得到训练。

5. 平面镜成像原理

师：播放多媒体课件"平面镜成像的原理"。

生：学生观看并了解平面镜成像是光的反射形成的虚像。

【设计意图】

借助多媒体课件模拟成像原理，化抽象为形象，帮助学生理解知识。

（三）小结及反馈

师：（1）知识总结：平面镜成像特点。

（2）方法总结：实验法、替代法。

（3）过程总结：经历了科学探究的过程。

生：（1）找出图片"小女孩站在镜前"中的错误。

（2）视力表的距离问题。

【设计意图】

师生共同总结本课的收获，学生思考，运用平面镜成像特点找错误、解决实际问题。让学生所学知识得到初步应用。

（四）欣赏

师：播放平面镜成像的风景图片。

生：学生在音乐中欣赏图片。

【设计意图】

学生在欣赏中感悟生活、自然中的对称美。

空气的"力量"

黄敏

一、教学目标

（1）认识大气压的存在，并理解大气压产生的原因，能用大气压解释简单的现象；知道托里拆利实验及原理，标准大气压的大小；知道大气压强随高度的增加而减小，大气压强的大小可以用气压计来测量；知道大气压强随高度增加而降低的关系。

（2）观察跟大气压强有关的现象，感知大气压强是客观存在的；通过对托里拆利实验的学习，使学生理解用液体压强来研究大气压强的等效替代法；通过实验探究，培养学生关注周围现象的意识，使学生主动参与探究，善于和同学合作，学会研究未知问题的方法。

（3）通过实验，培养学生的兴趣，激发学生的求知欲；密切联系实际，提高科学技术应用于日常生活和社会的意识；通过参与探究活动，亲近科学，激发深入思考的兴趣，培养学生实事求是的科学态度。

二、教材分析

本节课是沪科版九年义务教育八年级物理八章第三节的内容，这节课是在学生掌握了压强的概念、压强的公式和单位、液体压强的特点和规律以及液体内部压强的公式之后，学习的又一压强方面的知识。这节课主要讲的是关于气体压强中大气压强的初步知识，与前面所学的固体压强，液体压强一起构成了一个相对完整的体系。教材通过事例、实验引入课题，教材的编排符合初中生的学习特点，重视定性分析和实际应用，强调实验探究。通过这节课的学习，要求学生理解大气压强的存在和大气压强产生的原因，会用大气压强解释简单的现象，并且知道托里拆利实验说明了什么，知道大气压强的大小。学好本节课，对学生理解大气压的成因、大小及其应用有重要的作用，可以帮助学生认识自然和利用自然，为以后的学习打下坚实的基础，对进一步认识"从实践中来，到实践中去"的科学研究方法具有指导意义。

三、学情分析

学生已经知道了固体、液体压强产生原因，这对理解大气压强产生原因将会是很自然的过渡。学生通过上两节的学习，知道了固体和液体压强大小可以用压强公式来计算，对于大气压气强的测定和计算做了很好的铺垫。

学生在前面学习了影响液体压强大小的因素，这为本节测定大气压的实验改进奠定了基础。比如"能不能将液柱高度降低"（要找到如此高的管子实在是不现实）。由于初中学生一般说来是思维发展的转折期，即思维开始由经验型向理论型发展，形象思维向抽象思维发展，是处于逻辑思维新的起点上。对探究的七个要素不能系统地熟练地运用，再加之学生对科学探究方法接触不多，所以在制定计划和设计实验上困难较大。其中的障碍主要出现在两个方面：①如何通过对比"覆杯实验"和"杯子提水"实验，慢慢改进过渡设计出著名的"托里拆利实验"；②如何理解本节课的"等效替代"法。

四、教学设计

本节课通过一个富有悬念的小实验，激发出学生的探知欲，然后通过演示实验、学生实验，学生演示实验，马德堡半球实验动画播放，带领学生一步步感受大气压的存在和大小。关于大气压强的测量，探讨并启发学生想到可以通过等效替代的思想，找到测定大气压大小的方法。教师播放托里拆利实验动画过程，加深学生对大气压的测定的了解。

通过这样的教学设计活动，激发学生的学习兴趣和对科学的求知欲望，使学生乐于探索自然现象，乐于了解日常生活中的物理学道理。

五、教学流程

（一）导入

师：拿出一个易拉罐，让一个男生想办法把它弄瘪。（用手或用脚都可以）

提出问题1：同学们观察到什么？

提出问题2：是什么原因使易拉罐发生形变？

生：学生观察实验，进入学习情景。

【设计意图】

由问题引发学生思考，激发学生探究知识的欲望从而引出与本节有关的问题。

师：演示"火烧易拉罐"实验。

师："火烧易拉罐"的方法同样可以把易拉罐压瘪，请思考是什么原因？对上述现象，同学们现在也许还没有正确答案，学习了本课的知识，就会得到满意的答案。

（板书课题：第八章 第三节 空气的"力量"）

师：我们生活在一个蔚蓝色的星球上，厚厚的大气层包围着富饶的土地。虽然我们平时看不到空气，但我们一刻也离不开它。前面我们知道液体具有流动性，对浸入其中的物体有压强；空气也具有流动性，结合刚才的实验你能提出什么猜想？

【设计意图】

把不容易观察及感觉到的大气所存在的压力通过转化的方法表现出来，能使学生很自然的接受，并能感觉到确实周围的大气存在着压力。

生：是周围的大气把易拉罐压瘪的。

师：好，同学们观察得很仔细。易拉罐塌陷变形，这个现象说明易拉罐受了力，这个力是谁施加给易拉罐的？易拉罐周围有哪些物体能给易拉罐施加这个力？只有空气。因此空气也能对浸入其中的物体有压强，这种压强叫做大气压强，简称大气压或气压。

（板书：1. 大气压强：大气产生的压强叫做大气压强。产生原因：重

力、流动性）

（二）新课教学

1. 大气压的存在

师：提出问题"那么你能否说出在平时的生活中有时也能感受到大气所存在的压力，或者是用给你的器材来设计某个实验证实大气压的存在？"

器材：皮碗（塑料挂衣钩）、水、纸片、烧杯、大小试管、针筒、饮料瓶、水槽、塑料杯、塑料片、两个吸盘、钩码、吸管。

要求：

（1）自主设计多种实验来验证大气压的存在。

（2）尽可能充分利用实验器材。

（3）用简要的语言解释现象。

【设计意图】

这样做体现了学生的自主学习。

生：开始交流、合作、讨论。

生 A：用吸盘用力挤在玻璃上，然后用很大的力都拔不出，说明是大气压把它压住的。

生 B：用针筒做实验，把活塞推到底，然后用手抵住小孔，让另一个同学往外拉，要用很大的力。

生 C：先封住小孔，然后用力把活塞往里推，放手后发现活塞自己往外移动，也可以说明有大气压力。

生 D：平时我们爬山，越到上面，就觉得越是气喘，也可能是气压的问题。

还有的学生说在二次大战的时候，敌人把俘虏关在一间密闭的房子里，然后抽气，俘虏就爆裂而死。

【设计意图】

学生可能回答得有对、有错，但都以鼓励为主，让学生感受到生活中无处不存在着物理知识，并能发挥他们的想象力。

师：演示实验（覆杯实验、瓶吞鸡蛋、覆管实验等）。

【设计意图】

再次激发学生的兴趣，引起学生探究知识的欲望。

然后以学生可能设计到的吸盘实验展开对马德堡半球实验的讨论与介绍（多媒体），让学生在观看的过程中自己学到大气压力是有变化的，空气稀薄的时候大气压小，从而了解有压强的情况下造成很难拉开的道理。

【设计意图】

通过学生对多媒体的观察，让学生自己了解到空气稀薄，可导致气压变小的道理，不需要老师多讲，可谓做到此处无声胜有声的境界，使得学生一下子能解释原来所不能解释的现象，对大气压强有了更清晰的理解。

师：让几个学生现场做模拟马德堡半球实验。

（板书：2. 马德堡半球实验证明大气压存在并很大）

师：请学生解释生活中的和大气压有关的一些现象及一些实验现象。如①喝饮料依靠大气压，②塑料吸盘挂衣钩，③茶壶倒水，④注射器吸药水，⑤抽水机抽水，等等。

【设计意图】

突出物理与生活的联系。

师：总结本环节，在日常生活中，对有关大气压强一些现象的解释，归根到底无非就是压力差，而造成压力差可以用两种方法，一是抽气，二是温度的影响。问题延伸，为下节课打下伏笔。

2. 大气压的测定

探究主题的引入：

师：引入问题："我们已经知道了大气压强的存在，大气压究竟有多大？用什么方法可以测出它的数值呢？"

生：思考可否用液体压强公式来计算大气压强。

探究设计实验：

师：引导学生在验证大气压强存在的实验"覆杯实验"基础上，将装置进行改装和不断的改进。引发设计：能不能从"覆杯实验"中受到启发，设计一个实验来测定大气压？将杯子倒立于水槽中，引导学生对比两个实验的不同。提出问题：大气压强只能托住这么高的水柱吗？

生：观察现象，思考产生此现象的原因及两实验的不同，学生积极思考并考虑到用长短不一的管子代替覆杯实验中的水杯实验。

【设计意图】

将"覆杯实验"与"杯子提水"实验对比，自然过渡，培养学生观察、分析、对比实验的能力。

实验方案的改进

师：最后得到与托里拆利实验相近甚至相同的实验装置。换用自制一端封闭一端用橡皮封住的管子做演示实验。

生：用这种方法要足够长的管子和足够高的空间，不现实。

师：提出问题"这个实验测大气压的原理是什么？"（提示学生：如果管子中的水不升高了，说明了什么？）

生：大气压强就等于液柱产生的压强。

师：能不能将液柱高度降低？（同学们可以从影响液体内部压强因素来考虑）

生：液体的压强与液体的深度和液体的密度有关。在大气压强不变的情况下，如果换用密度较大的液体，液体的高度将会降低。

【设计意图】

使学生理解用液体压强来研究大气压强的等效替代法，认识物理研究的一般方法。循序渐进，突破难点。

师：演示和电脑模拟托里拆利实验。

生：学生看清楚实验的过程步骤，理解每一步的操作，理解托里拆利实验测定大气压的原理和结论。讨论托里拆利实验。

交流汇报及归纳总结

（1）1 标准大气压的值

1 标准大气压 = 760mmHg（毫米汞柱）= 1.01×10^5 帕

（2）影响实验结果的可能

①玻璃管内混进了一些空气。

②玻璃管与刻度尺放歪了。

（3）不会影响实验结果的行动

①试管口径的粗细不同。

②试管是否倾斜。

③试管的提升与下降。

师：让学生充分交流各自的探究成果，教师给予点评，并对部分结果的误差分析原因。

（板书：3. 大气压强的测定：托里拆利实验首先测得大气压的值，相当于760毫米水银柱产生的压强。

$$P_0 = \rho_{水银}gh$$
$$= 13.6 \times 10^3 \text{千克/米}^3 \times 9.8 \text{牛/千克} \times 0.76 \text{米} = 1.01 \times 10^5 \text{帕}）$$

【设计意图】

让学生能熟记1标准大气压的数值；了解影响实验结果的可能性；对学生进行科学史教育，有助于培养他们的科学研究意识。

3. 大气压强的变化

师：（1）出示实物并配合多媒体展示介绍：水银气压计，空盒气压计及其刻度单位。

（2）练习读数，培养能力。注意单位及换算。

$$1 \text{毫米汞柱} = 1.33 \text{百帕}$$
$$（mmHg） \qquad （hPa）$$

（3）由氢气球升空后的变化情况，发现大气压随高度变化，得出结论。

提问：节目里我们放飞的氢气球升入高空后会去哪里？

学生讨论、回答。

教师启发、点拨，配合多媒体展示解释。

归纳得出结论：离地面越高的地方，大气压就越小。

（板书：大气压的变化）

（三）小结及反馈

师：

（1）知识总结：大气压的存在及大气压的测定。

（2）方法总结：实验法、替代法。

（3）过程总结：经历了科学探究的过程。

（四）欣赏

师：播放离心式水泵和活塞式抽水机工作原理。（可配挂图）

生：学生观看过程。

【设计意图】

学生在欣赏中感悟"从物理走向科学"。

（五）课堂作业

1. 用自来水钢笔吸墨水时，只要把弹簧片按几下松开，墨水就吸到橡皮管里去了，这是因为 （　　）

　　A. 橡皮管有吸力　　　　　　B. 弹簧片有吸力

　　C. 大气压的作用　　　　　　D. 橡皮管里真空有吸力

2. 下列现象中，不能说明大气压存在的是 （　　）

　　A. 堵上茶壶盖上的小孔，壶里的水不容易倒出来

　　B. 托里拆利实验

　　C. 用吸管把杯中的果汁吸到口中

　　D. 船闸

3. 托里拆利实验中，玻璃管内液柱的高度取决于 （　　）

　　A. 外界大气压强

　　B. 外界大气压强和管的粗细

　　C. 外界大气压强和液体密度

　　D 外界大气压强和玻璃管的倾斜程度

4. 用塑料管从瓶子里吸饮料时是什么力使饮料上升到嘴里的？

5. 把塑料挂物钩紧贴在很平的墙上，就能挂各种物品，这是为什么？

6. 屋顶的面积是 45 平方米，大气对屋顶的压力有多大？这么大的压力为什么没有把屋顶压塌呢？

（六）布置课后作业

1. 课后认真阅读一遍课文。

2. 把本节后练习的第 1、2 题和章后习题第 3 题做在作业本上。

3. 把课文后练习第 3 题和习题第 1、2 题在阅读课文后，联系课内所讲内容，进行思考，准备下节课在课内回答。

物体的浮与沉

宋玲琳

一、教学目标

1. 知道物体的浮沉条件，知道浮力的应用。

2. 通过观察、分析、了解轮船是怎样浮在水面的，了解潜水艇是如何实现上浮的，了解气球和飞艇能升空的道理。

3. 初步认识科学技术对社会的影响，初步建立应用科学知识的意识。

二、教材分析

《物体的浮与沉》是初中物理教学的难点，在教材中占有重要的地位。本节主要讲两个问题：第一，如何调节重力、浮力的关系来得到或增大可利用的浮力；第二，浮力利用的重要实例：轮船、潜水艇、密度计、气球、飞艇的原理。《浮力》部分知识的总体特点是：以阿基米德原理为中心，涉及物体的运动、质量和密度、力和二力平衡、压力和压强，以及简单机械等多种知识，因此，它是初中物理中力学知识的结合点。与浮力有关的问题综合性强，能力要求较高。学生要学好浮力知识，除应具备较扎实的质量和密度、力和力的平衡、压力和压强等的知识基础外，还应具备较清晰的学习解题方法和较高的学习解题技巧。对浮力这一节内容的研究是在前几节所学知识的基础上综合地应用液体的压强、压力、二力平衡和二力合成等知识来展开的。这一节是本章的重点和关键，对浮力的研究为学习阿基米德原理、浮力的利用奠定了基础。浮力知识对人们的日常生活、生产技术和科学研究有着广泛的现实意义。

三、学情分析

浮力现象是学生在生活中比较熟悉的，也是他们容易产生兴趣的现象。教学中要注意培养学生对物理的兴趣，充分发挥演示实验与学生实验的作用，迎合他们好奇、好动、好强的心理特点，调动他们学习的积极性和主动性。

初中生的思维方式要求逐步由形象思维向抽象思维过渡，因此在教学中应注意积极引导学生应用已掌握的基础知识，通过理论分析和推理判断来获得新知识，发展抽象思维能力。当然在此过程仍需以一些感性认识作为依托，可以借助实验或多媒体电教手段，加强直观性和形象性，以便学生理解和掌握。

四、教学设计

这节课综合应用分组实验、直观演示、讲授和讨论并辅以电教多媒体等多种形式的教学方法，提高课堂效率，培养学生对物理的兴趣，激发学生的求知欲望，充分体现以教师为主导，以学生为主体的原则。

五、教学流程

（一）导入

演示实验

（1）出示铁块、蜡块和气球扎成的小水球，在量筒中当场测得体积相等。

（2）将体积相同的三个物体同时浸没在水中后松手。

现象：铁块沉入杯底，水球悬浮在水中，蜡块上浮最终浮在水面。

提问：

（1）浸没在水中的铁块、蜡块（松手后）各受到什么力？

学生回答：浮力、重力。

（2）它们受到的浮力相等吗？

学生回答：相等。因为 $V_{排}$ 相等，根据阿基米德原理可知浮力相等。

（3）既然铁块和蜡块受到的 $F_{浮}$ 相同，为什么松手后铁块沉底而蜡块上浮？液体中，物体的浮沉取决于什么呢？

【设计意图】

通过三组对比实验，设置悬念，调动学生积极性，促使学生搜索脑中的现有知识，初步引出物体的浮沉条件，温故而知新，为新课展开作好铺垫。

（二）新课教学

第一环节

讲解：物体的浮沉条件。

分析蜡块：松手后，浸没在水中的蜡块所受到的 $F_浮 > G_蜡$，所以蜡块上浮。当蜡块逐渐露出水面，$V_排$ 减小，浮力减小，当 $F_浮 = G_物$ 时，蜡块最终漂浮在水面。即：$F_浮 > G_物$ 上浮，最终漂浮。

分析水球：松手后，浸没在水中的水球所受到的 $F_浮 = G_球$，所以水球因为受力平衡而静止，这种"随遇而安"的状态叫悬浮。

分析铁块：松手后，浸没在水中的铁块所受到的 $F_浮 < G_铁$，铁块下沉。到达容器底部后，铁块受到 $F_浮$、$G_铁$ 和 $F_支$，三力平衡，静止在容器底，我们说铁块沉底。即：$F_浮 < G_物$ 下沉，最终沉底。

总结：通过上述分析，我们知道浸在液体中物体的浮沉取决于物体所受 $F_浮$ 与 $G_物$ 的关系。

进一步分析，根据浮力和重力的计算公式，结合三种不同状态下 $V_排$ 和 $V_物$ 的关系，可以进一步引导学生得出在漂浮、悬浮、上浮和下沉时的物体密度和液体密度之间的关系。

第二环节

1．讨论：

（1）木材能漂浮在水面，其原因是什么？

（2）把一根木头挖成空心，做成独木舟后，其重力怎么变化？它可载货物的多少怎么变化？重力变小，可以装载的货物变多。

指出：从浮力的角度看，把物体做成空心的办法，增大了可利用的浮力，古代的独木舟就是利用这种古老的"空心"办法，可以增大漂浮物体可利用的浮力。

提问：现代的远洋轮船都是由密度大于水的钢铁制造，那么我们是怎样让它上浮或漂浮呢？

2．演示实验：

两个完全相同的金属制造的牙膏皮，一个空心，一个揉成一团；同时按入水中，松手后揉成一团的下沉，空心的上浮最终漂浮。

提问：

（1）金属的密度大于水的密度，空心的牙膏皮为什么能漂浮呢？可能是因为什么呢？

学生回答：因为它是空心的，平均密度小于水，所以能上浮，最终能漂浮。

（2）要想让实心的金属也漂浮，可以怎么办呢？

学生回答：把它尽量挖空，变成空心的，减小平均密度。

（3）如何调节实心的密度大于水的物体的浮沉的呢？

学生回答：$F_浮$不变，挖空使$G_物$变小，当$F_浮 > G_物$，实心的金属物体自然就浮起来了。

指出：上述实验告诉我们采用"空心"的办法，不仅可以增大漂浮物体可利用的浮力，还可以使下沉的物体变得上浮或漂浮。

3. 学生分组实验：

让学生分组实验，橡皮泥一块，装有水的烧杯一个，想办法运用手边的器材使同一块橡皮泥在水中下沉、漂浮和悬浮。

组织讨论：

（1）橡皮泥的重力是否改变？

（2）橡皮泥下沉时其所受浮力与重力的大小关系怎样？

（3）橡皮泥做成空心后其排开水的多少怎么变化？所受浮力怎么变化？它漂浮时所受浮力与重力的大小关系又怎样？

【设计意图】

通过上一环节的学习，学生对于物体的浮沉条件已经有了一个较为完善的理论认识，但还没有用来解决实际问题，本环节从生活中船的发展和应用开始入手，先由教师演示实验，引导学生用平均密度解释漂浮现象，并由学生分组实验，自己动手体会在重力不变的情况下如何增大浮力，加深对"空心法"的理解。

【实施预设】

同学们在用橡皮泥模拟物体的漂浮时，大多数将可能采取空心的方法做成船的形状，模拟下沉时可将橡皮泥捏成实心球，这两个操作比较简单，大多数同学都可以想到，但做成悬浮的难度有点大，因为学生可以从理论上知道悬浮要使橡皮泥的平均密度和水一样，但操作上困难较大，可提示学生用一个空心的饮料瓶盖作橡皮泥的内核，通过控制空心的多少来使物体悬浮。

第三环节

1. 轮船

（1）原理：采用把物体做成"空心"的办法来增大浮力，使浮力等于船和货物的总重来实现漂浮。

（2）排水量：满载时，船排开的水的质量。

即：排水量 $= m_{船} + m_{货}$

提问：

（1）轮船从河水驶入海里，它的重力变不变？它受到的浮力变大、变小还是不变？

学生回答：不变，始终漂浮。

（2）它排开的液体的质量变不变？

学生回答：不变。

（3）它排开的液体的体积变不变？

学生回答：变，$\rho_{海水} > \rho_{水}$，所以 $V_{排海水} < V_{排水}$。

（4）它是沉下一些，还是浮起一些？

学生回答：$V_{排}$ 变小了，所以上浮一些。

强调：同一条船在河里和海里时，所受浮力相同，但它排开的河水和海水的体积不同。因此，它的吃水深度不同。

2. 潜水艇

学生实验：

潜水艇能潜入水下航行，是一种很重要的军事舰艇。它是怎么工作的呢？下面我们一起来看看潜水艇的模型。

现象：针筒抽气时，水逐渐进入小球中，小球下沉；针筒推出气体时，小球中的水被排出，小球上浮。

提问：

（1）小球浸没在水中所受 $F_浮$ 是否变化？

学生回答：小球形变很小，$V_排$ 基本不变，所以可以认为 $F_浮$ 不变。

（2）那它是怎样上浮或下沉的呢？

学生回答：推出气体时，水从小球中排出，重力变小，$F_浮 > G_物$，所以上浮；抽气时，水进入小球，重力变大，$F_浮 < G_物$，所以下沉。

讲解：潜水艇两侧有水舱，当水舱中充水时，潜水艇加重，就逐渐潜入水中；当水舱充水使艇重等于同体积水重时，潜水艇就可悬浮在水中；当压缩空气使水舱中的水排出一部分时，潜水艇变轻，就可上浮了。

潜水艇原理：靠改变自身重力来实现在水中的浮沉。

强调：潜水艇在浸没在水下不同深度所受浮力相同。

3．密度计

（1）展示密度计实物，并用多媒体展示各种各样的密度计。

（2）用一瓶盐水、水和硫酸演示并讲解密度计的用法，强调密度计只有漂浮时才可以使用。

（3）原理：密度计在不同液体中漂浮时所受的合力为零。

思考：密度计的刻度有什么特点，为什么？

4．气球和飞艇

演示："孔明灯"的实验。

提问：酒精燃烧后袋内空气密度怎样变化？

原理：$\rho_气 < \rho_{空气}$，使它受到的 $F_浮 > G_物$ 而升空。

讨论：要使充了氢气、升到空中的气球落回地面，你们能想出什么办法？要使热气球落回地面，有什么办法？

学生回答：放气或停止加热。

5．课件演示其他应用：如盐水选种等，学生阅读资料《古今中外浮力的应用》。

【设计意图】

通过丰富多彩的演示实验和学生小组实验，了解了浮力在生活中的许多应用，增加了学习的实用性和趣味性，符合新课标中减弱机械的运算，提高物理学习中的解决实际问题的能力的要求。

第四环节

小结本节所学的内容，回顾知识要点。

【设计意图】

完成新课，承上启下，激发学生继续探究的热情。

附　课堂练习及作业

1. 一艘轮船从海里航行到河里，其重力和浮力会怎么变化？
2. 一艘潜艇从河里潜行到海里，其重力和浮力将会怎么变化？
3. 鱼儿为什么会在水中自由地上浮、下沉、悬浮？
4. 完成教材 134 页的课后作业，查阅资料，准备小组交流。

简单的磁现象

邵涛

一、教学目标

（1）利用磁铁、磁针等物质，感知物质的磁性和磁化现象。

（2）知道磁体；通过观察认识磁极。

（3）通过实验认识磁体的指向性；利用指南针等历史素材关注我国古代文明，激发民族自豪感和进取心。

（4）通过实验验证磁极间相互作用规律。

（5）关注磁性材料在现代社会中的应用，感受科学技术的高速发展，逐步形成科学技术服务于社会的观念。

二、教材分析

本课依据的教材是上海科技版教材第十六章第一节《磁是什么》，针对其中第一小标题"磁的妙用"进行分析。

课标中的表述：在"物质"主题下的二级主题"物质的属性"有以下表述内容标准的要求，即通过磁铁等磁性物质，感知物质的磁性和磁化现象，调查磁性材料在生活中的用途。

活动的建议：利用一块磁铁和几根缝衣针制作指南针，并验证同极相斥、异极相吸的现象。

教材中的地位：课标对本课在知识与技能方面要求并不高，定位于"知道"，但本课内容在教材中的地位却不容忽视，因为本课是学习电流的磁效应、磁场对通电导体的作用、电磁感应现象以及它们的实际应用等一系列知识的基础，成为后续学习的重要铺垫。另一方面，本课包含的爱国主义教育素材较丰富，值得挖掘、利用。

对教材编写的感受：本课一开篇，114 页图 16 - 1 呈现了四幅极具现代感的图片，体现了新课标"从生活走向物理"的理念；与其他版本教材相比较，对磁极、磁性等概念、规律的得出过程未安排实验探究，带有较强的陈述性，这也许是编者考虑到学生有一定经验积累。

三、学情分析

一方面，本课内容与学生的学习、生活均有较紧密联系，表现在：

（1）生活中：不少学生有玩耍磁铁的经历，对磁铁的磁性、指向性包括磁极间相互作用规律均有一定感性认识的基础。

（2）小学学习：在科学课上曾有观察甚至实验的经历。

（3）初中学习：是学习电与磁的相互作用及应用等一系列知识的基础。

另一方面，以往的生活、学习经历在知识本身及其形成过程存在以下缺陷：

（1）认知的零散性、无序性：对相关知识的认识不全面，表述也不准确，对知识之间的内在联系和逻辑关系缺乏关注、把握。

（2）认知过程的偶然性、随意性：生活中自发在玩耍中的观察具有更强的游戏特点，而小学学习，受认知水平和课时局限，教学目标也只能定位于激发兴趣，并未经历科学的实验探究过程。

四、教学设计

通过教师的主导、学生的主体参与实现三维教学目标的达成，这是教学设计的总思路。

教学中着重体现以下特点：

1. 充分体现"从生活走向物理，从物理走向社会"的课标理念

（1）在"导入"环节，通过对生活中各种磁铁的展示，迅速拉近课堂与生活的距离，引导学生回忆生活中玩耍磁铁时的发现，让学生得到积极的暗示，容易去推测经验与科学知识之间的联系，从而展开课堂学习。

（2）在新课教学的第一环节，通过实验探究正确认识了磁体的指向性

后，对我国古代四大发明之一的指南针作的介绍中，涉及它从古至今在社会生活中的各种用途，体会科学知识与社会的紧密联系。

（3）在新课教学的第四环节，学生交流、列举，加上教师用多媒体播放图片、文字资料，引导学生关注学科知识在现代社会发展中的重要作用。

2. 整合课程资源，让课堂增效出彩

围绕课标中"整合课程资源"的理念进行教学设计，打破学科界限，推行"拿来主义"，挖掘相关学科、各类信息的服务功能，创高效的、精彩的课堂。其实，整合过程也就是创新的过程。

（1）不同版本教材文本内容的整合：人教版、北师大版、上海科技版等教材各有特色，各有所长。设计时注意提取各自精华，为我所用。

（2）跨学科教学资源的整合：设计中大量使用 CAI、PPT、flash、视频等包容了大量的图文信息，它们增强直观性、扩展信息量的功能是传统教学手段所不能比拟的。微机学科的技术手段为跨学科的课堂教学设计提供了强大的技术支持。另外，播放我国古代的磁学成就的图文资料时，选择我国民族乐器（古筝、笛子等）演奏的乐曲作为背景音乐，让学生在感受古代科学成就的同时，感受祖国传统文化的源远流长和艺术魅力。

3. 挖掘人文素材，关注情感态度价值观目标的达成

（1）本课以实验探究为主线，设计中收集多方资料，挖掘人文素材的教育功能。比如，收集反映我国古代磁学成就的图文资料，激发民族自豪感，进行爱国主义教育；又如，在磁性材料在现代社会的广泛应用的实例中，介绍我国磁悬浮列车的研发成果及世界先进水平，激发学生努力学习，培养服务社会的责任感。

（2）创设良好课堂氛围：课堂氛围对学生的情感态度价值观的形成有深刻影响。教师的课程观、学生观无不影响着对课堂氛围的定位。以学生为本、以学生科学素养的形成及能力发展为本的教师，一定会努力创设利于学生形成良好的情感态度价值观的课堂氛围。其中，语言的力量不容忽视。鼓动式的语言"看谁最先想明白"；鼓励式的语言"这个想法很不错，还有其他想法吗"；征询式的语言"谁能告诉大家……"，"大家想法不一

样，再想想，你准备改变自己的主意吗?";亲近式的语言"让我们……"，这样的语言让学生获得良好的情感体验，易于以更积极主动的态度投入课堂，长此以往，积极向上的价值观的形成也就顺理成章了。

4．教师主导，学生为主体，互动中实现教学目标

这是传统的教育基本原则，在新课标中继续得到发扬。

（1）教师的"导"，应贯穿课堂的各环节、全过程，导思考、导自学、导讨论、导交流、导评价、导质疑……有效的引导主要取决于教师在课前进行高质量的教学设计，对学情有准确分析，对课堂过程做充分预设。有效的引导还要求教师锤炼应变能力，增强教学机智，对课堂进行有效调控。总之，教师的"导"，在于帮助学生成为学习的主体，绝不是代替学生的活动。

（2）学生为主体：它是学生变被动容纳为主动构建的重要路径。学生主体地位的确立，关键在于教师能否给学生提供充分的时间、空间，让学生在其中经历再现、反思、猜想、设计、归纳等思维活动，也经历观察、观看、实验、表达、交流、评价等外显活动，学生的主体地位自然树立起来，师生互动也才有了基础，自主构建逐渐实现。

五、教学流程

（一）导入

师：出示生活中常见的环形、圆柱体磁铁实物，认识它们吗?

生：观看、回答。

师：我们先做一个小调查，请玩耍过磁铁的同学举手。

生：多数人举手。（预设）

师：谁来告诉大家，你在玩耍磁铁的时候有些什么发现?

生：回忆，多人表述，相互交流、补充。

预设的回答：磁铁能吸住铁；同性相斥，异性相吸（此为学生的叙述习惯）。

【设计意图】

调查统计的开场方式让学生感觉轻松、自然；交流生活、学习中的已

有经验，便于调动学生的参与，也便于教师更及时、准确地对学情进行反馈，作为后续教学中的调整依据。

（二）新课教学

第一环节：进行探究，辨明事实，抽象概念

师：磁铁只能吸引铁吗？

生：结合经验作出判断。

师：引导学生观察课桌上准备的器材，即大头针、铜片、玻璃片、木片、纸片、磁针、条形磁体、蹄形磁体、软铁棒。

生：猜想之后用磁铁分别靠近各种物质。

师：播放课件中的 flash 动画，展示磁铁对铁、钴、镍的吸引，归纳得出"磁性"的定义，给出磁体的定义。

生：在教师引导下，从课桌上的器材中辨认学习中常用到的磁针、条形和蹄形磁体。

【设计意图】

通过实验加深对磁铁吸铁的直观感受，而钴、镍两种物质在实际中难以接触，用课件中的 flash 动画作为实验的补充，发挥多媒体教学资源的辅助、服务功能。

师：磁体上各部分磁性都一样吗？

生：较多学生缺乏对该情况的关注与积累，进行猜想。

师：如何利用课桌上的相应器材验证你的猜想呢？

生：观察器材，设计实验方案，经过小组讨论，进行全班交流，各小组之间相互评价。

师：根据学生的交流、互评进行点评，肯定学生好的方案和表述。

生：将条形、蹄形磁体分别靠近均匀铺开在课桌上的大头针，观察磁体上各部分吸引大头针的数量。

师：谁来告诉大家，你从实验中得到的结论？

生：通过相互交流、补充，得出磁体上各部分磁性强弱不同，磁针及条形、蹄形磁体两端的磁性最强。

师：我们把磁体上磁性最强的部分叫磁极。

【设计意图】

本环节涉及的问题大多数学生缺乏专门的关注，因此安排了简单的实验探究。实验设计的难度并不大，重在引导学生的交流、相互评价，以及对实验结论的归纳、表述。

师：谁知道磁体的两个磁极为什么叫南极、北极？

生：因为磁体能指南北。

师：将一块条形磁体随意摆放在讲桌上（不放在南北方向上），问：此时它指南北吗？

生：观察、思考。

师：看来，磁体指南北是有条件的。引导学生：将磁针支在支架的尖端，猜想转动磁针后会观察到什么？

生：进行实验，观察现象，将得出的结论进行小组之间的交流，归纳磁体的指向性，可在水平面内自由转动的磁针，静止后两个磁极分别指南、北，从而弄清"南极"、"北极"名称的由来。

师：播放课件中的 flash 动画。

生：观看课件，感知悬挂起来可在水平面内自由转动的条形磁体静止后两磁极也总指南北。

【设计意图】

通过实验感知磁体的指向性，对南极、北极的含义形成正确认识，同时培养实验探究的意识和能力。

师：说到磁针指南北，不得不说说我国古代四大发明之一的……

生：指南针！

师：让我们重温祖先的探索历程！

播放 PPT 课件：1. 司南（文字、图片）
　　　　　　　　2. 指南鱼（文字、图片）

【设计意图】

利用多媒体播放的图片、文字资料，丰富学生对我国古代闻名于世的磁学成就的了解，激发学生的民族自豪感，启迪学生树立将祖先的探索精神发扬光大的进取心。

第二章　新课程下的经典教学课例

第二环节：用实验验证规律，学会科学表述

师：前面有同学提过"同性相斥，异性相吸"，如何利用课桌上的器材来验证？

生：将条形磁体的一个磁极分别靠近磁针的两个磁极，验证经验的正确。

师：这样的表述准确吗？

生：学习教材中的表述，归纳出磁极的相互作用规律。

【设计意图】

（1）通过对磁极间相互作用规律的表述进行的反思、学习，引导学生将生活化的认知转化为科学知识。

（2）利用教材中的文本资源，发挥教材的应有功能。

第三环节：感知磁化现象，认识磁化方法

师：介绍磁体的来源。

播放 PPT 课件。

生：观看天然铁矿石的图片，以及我国古代对"磁"的最早记载的文字资料。

师：实际中使用的磁体都是人造的，是怎样制成的呢？比如，课桌上有一根软铁棒，试试它有无磁性？

生：将软铁棒靠近桌上的大头针，确定软铁棒没有磁性。

师：怎样可让它有磁性？谁有这方面的经验？

生：小组讨论，全班内交流相关经验，比如与磁铁接触过的螺丝刀可以吸住小铁钉。之后进行教材 115 页图 16－2 所示的实验，感受磁化现象。

师：引导学生得出磁化的定义。问：有谁知道我们的祖先是用什么方法将指南针磁化的？

播放课件

生：观看 flash 动画，了解摩擦磁化的方法；归纳本课了解到磁化的两种方法：①接触或靠近磁体；②用磁体的一个磁极沿一个方向多次摩擦。

【设计意图】

经历探究过程，对磁化现象形成直观感受；认识不同的磁化方法以及在实际中的应用；对下一环节认识磁化材料的广泛应用作铺垫。

第四环节：联系实际，从课本走向社会

师：介绍磁性材料的界定。让我们从生活中找找，看哪些地方用到了磁性材料？

生：多人交流，相互补充，丰富积累，扩展眼界。

师：播放PPT课件，图片展示磁性材料的常见应用，以及种类繁多的新型的磁性材料。

生：观看课件，感受高新科学技术的进步对现代社会高速发展的促进。

师：磁性材料的应用横跨古今，随着科学技术的进步，它的价值空间一定会得到更大的发掘。

【设计意图】

（1）通过此环节，引导学生关注物理知识在生活中的应用，逐步形成科学技术服务于社会的意识。

（2）体会科学技术的高速发展，以及人类进步的步伐永不停止，激励学生为社会发展而努力学习。

第五环节：小结反馈

师：结合PPT课件的展示，引导学生围绕三维目标感受、梳理："我收获了……"

生：归纳、交流。

师：用PPT课件展示反馈练习。

1. 有一条形铁块，用哪些方法可判定它是否具有磁性？

2. 有两根形状相同的钢棒甲、乙，一根有磁性，另一根没有磁性。如果没有任何其他用具，怎样才能知道哪一根有磁性，哪一根没有磁性？

3. 用一枚缝衣针制作一个指南针。（受时间限制，该题仅交流实验原理、方案，操作过程安排在课后）

生：思考、交流讨论，语言表述之后，上讲台用器材演示验证自己的想法是否可行。

【设计意图】

（1）通过课堂小结，给学生提供归纳概括知识、感受从课堂中收获的学习方法、交流良好体验的平台，为三维目标的达成情况提供初步反馈，在小结中为后续学习做准备。

（2）通过反馈练习，复习巩固本课知识，在知识的迁移过程中培养应用知识解决实际问题的能力。

（3）启发学生充分利用观察与实验的学习方法解决实际问题。

第六环节：作业布置

师：1．完成指南针的制作。

2．调查收集资料：家庭里哪些设备中使用了磁性材料？

3．指南针为什么能指南北？

4．磁体为什么具有磁性呢？

生：课外动手制作、观察记录、查询书籍或网络。

【设计意图】

（1）将动手、动脑的探究空间由课内延伸至课外，养成收集信息、自主学习的习惯，弥补课内受时空限制造成的局促。

（2）培养深入、前瞻性地思考问题的习惯和能力。

超声与次声

郭洪军

一、教学目标

（1）知道超声和次声。

（2）了解人类及一些动物听觉范围。

（3）通过观察文字、图片资料，了解现代技术中与声有关的知识应用。获得社会生活中声的利用方面的知识，进一步增加对科学的热爱。

（4）学生通过交流讨论，增强学生查找、交流信息、应用知识的能力。

二、教材分析

本课依据的教材是沪科版教材第三章第三节《超声与次声》，学生在学习了声音的产生与传播、乐音和噪音之后，学习有关超声和次声的知识，本课知识是对声知识的应用。

本节课联系生活、生产实际非常紧密，能较好地落实新课程大力倡导从生活走向物理，从物理走向社会，倡导在教学中渗透 STS（即科学·技术·社会）精神等教育理念，并能较好地促成德育目标的达成。

三、学情分析

学习本课之前，学生在知识准备上已了解声音的发生和传播方面的知识，特别是发声体的振动频率，对本课教学起到了较好的启后作用；在生活中学生至少都了解一些声应用方面的例子，如超声波、雷达、蝙蝠、声呐等，这为讨论的开展提供了良好的基础。但一般学生对声的应用方面的实例了解面是比较窄的，在大量拓展资料的帮助下，可以极大地提高学生的学习兴趣。

四、教学设计

本节课采用以应用实例探讨为主线，以学生活动为载体，以学生素质发展为目标的思路来组织实施教学。在教学中突出体现以下特点：

1. 充分联系实际

"从生活走向物理，从物理走向社会"是新课程的基本理念。联系实际学物理，学有用的物理，能够拉近物理学与生活的距离，让学生充分感受到科学的真实性，感受到科学与生活、社会的关系，从而增强学习物理的愿望和热情。

（1）从学生知道的实例入手。如蝙蝠、雷达、B超等。让学生探讨它们的工作原理，使学生感受到物理就在身边，激发他们的学习愿望。

（2）丰富实例资料。教学中除应用教材上的三组图片外，利用"天网"和"地网"资源，增加了B超系列图片、回声定位、声呐测距、超声与次声科学介绍等等图片文字，通过课堂演播系统展示出来，帮助学生理解实例的工作原理，使学生视野开阔，体会物理来源于生活，服务于生活，体会物理知识在科学、技术、社会发展和国家建设中的强大作用。

（3）讨论社会热点问题。次声波与此次地震的关系，感受物理与社会生活息息相关，从而培养学生将科学服务于生活和社会的意识。

2. 开发课程资源，体现学科整合

新课程倡导合理开发和利用课程资源，改变学科本位，推进课程整合，让学生获得对意义世界的整体性认识，在科学情境、人文情境中感受求知的快乐。老师在本节教学中，可开发与教学内容相辅相成的其他学科资源，如来自网络资源的精美实物图片、PPT课件、视频动画、大量科学探索文字资料等。

五、教学流程

（一）导入

师：同学们好，在这一单元我们学习了有趣的声现象，知道了声的概念比较广，包括声音（人耳能感觉到的那部分声）、超声（频率高于20000

赫兹的声）和次声（频率低于 20 赫兹的声）。声在生活实际、工农业生产和现代科技中的应用非常广泛，请同学们说出所了解的利用声的实例。

生：我们楼道里的声控开关，广场的声控喷泉，家庭里的超声波加湿器，医院里检查病情用的"B 超"和"彩超"，利用"声呐"探测黑匣子，利用次声波预测地震、台风等。

师：看来，我们的生活、工业生产、现代科学技术与声有着密切的关系，这节课我们来学习声的利用。

【设计意图】

通过学生发言，形成悬念，激发学习的欲望。

（二）新课教学

1. 超声与次声

师：介绍超声与次声。

生：讨论人听不到声音有几种情况？

师：人的听力比动物发达吗？

生：观察多媒体表格，阅读教材信息窗，讨论，提出你最佩服的动物，并说明理由。

【设计意图】

提高对声音的认知能力，增进对身边事物的了解，更好地认识自然界。

2. 超声及其应用

（1）在医疗上的应用

师：多媒体展示系列 B 超图片。

①中医诊病通过"望、闻、问、切"四个途径，其中"闻"就是听，这是利用声音诊病的最早例子。

②利用 B 超或彩超可以更准确地获得人体内部疾病的信息。医生向病人体内发射超声波，同时接收体内脏器的反射波，反射波所携带的信息通过处理后显示在屏幕上。超声探查对人体没有伤害，可以利用超声波为孕妇作常规检查，从而确定胎儿发育状况。

③药液雾化器

对于咽喉炎、气管炎等疾病，药力很难达到患病的部位。用超声波的高能量将药液破碎成小雾滴，让病人吸入，能够增进疗效。

生：观察图片，联系生活实际，联想情境。

【设计意图】

通过图片观察，强化物理知识与生活的联系，增强学生对科学知识的热爱，体会科技的魅力，提高认知能力，科普知识。

（2）超声波在工业上的应用

师：多媒体展示图片和视频。

①利用超声波对钢铁、陶瓷、宝石、金刚石等坚硬物体进行钻孔和切削加工，这种加工的精度和光洁度很高。

②在工业生产中常常运用超声波透射法对产品进行无损探测。声波发生器发射出的超声波能够透过被检测的样品，被对面的接收器所接收。如果样品内部有缺陷，超声波就会在缺陷处发生反射，这时对面的接收器便收不到或者不能全部收到发生器发射出的超声波信号。这样就可以在不损伤被检测样品的前提下，检测出样品内部有无缺陷，这种方法叫做超声波探伤。

③在工业上用超声波清洗零件上的污垢。放有物品的清洗液中通入超声波，清洗液的剧烈振动冲击物品上的污垢，能够很快清洗干净。

生：观察图片，联系生活实际，联想情境。

【设计意图】

通过图片观察，强化物理知识与生活的联系，增强学生对科学知识的热爱，体会科技的魅力，提高认知能力，科普知识。

（3）在军事上的应用

师：多媒体展示图片。

①现代的无线电定位器——雷达，就是仿照蝙蝠的超声波定位系统设计制造的。

很多动物都有完善的发射和接收超声波的器官。蝙蝠通常只在夜间出来觅食、活动，但它们从来不会撞到墙壁、树枝上，并且能以很高的精确度确认目标。它们的这些"绝技"靠的是什么？原来蝙蝠在飞行时会发出超声波，这些声波碰到墙壁或昆虫时会反射回来，根据回声到来的方位和时间，蝙蝠可以确定目标的位置和距离。

②声呐。根据回声定位的原理，科学家们发明了"声呐"，利用声呐

系统，人们可以探测海洋的深度、海底的地形特征等。联系运动学知识，通过示例计算体会声呐测距原理。

师：媒体展示计算示例。

生：计算解决问题。

师：总结：声音可传递信息和能量。

3. 次声及其危害

师：介绍次声产生的情况，多媒体展示科普资料"地震与次声"、"地震预报"、"地震波的传播"、"动物与地震预报"。

生：感受了解。

【设计意图】

讨论社会热点问题。次声波与此次地震的关系，感受物理与社会生活息息相关，从而培养学生将科学服务于生活和社会的意识。

（三）小结反馈

师：小结。

生：学生对本节课的知识进行整理归纳，交流在知识学习、方法学习、过程体验等方面的收获。

【设计意图】

（1）通过整理和交流，清理知识，完成知识的构建，分享他人的感受。

（2）让学生将所学知识运用到解决社会热点问题中，培养学生的社会责任感。

（四）作业布置

师：1. 请同学们在网上查看有关声应用的资料。

　　 2. 请同学们在网上查看有关地震预报及自我保护方面的知识。

【设计意图】

通过布置课外信息资料收集作业，培养学生信息收集整理能力。

第二章　新课程下的经典教学课例

欧姆定律

周厚文

一、教学目标

（1）知道导体中的电流与电压、电阻的关系；能应用欧姆定律进行简单的计算，解释一些简单现象；会同时使用电压表和电流表测量一段导体两端的电压和其中的电流；会用滑动变阻器改变部分电路两端的电压。

（2）通过探究过程进一步体会猜想与假设、设计实验、分析与论证、评估等探究环节；通过制定研究方案进一步体会"控制变量"这一重要的研究方法；通过分析与论证过程提高学生根据实验数据归纳物理规律的能力。

（3）在数据收集过程中形成实事求是的科学态度；通过探究，揭示隐藏的物理规律，激发学生探究的乐趣；在与小组成员合作完成实验的过程中，加强与他人的合能力。

二、教材分析

《科学探究：欧姆定律》是沪科版九年级第十四章第二节的内容。本节内容安排教学课时数为 2 节，包含两大内容，一是电流与哪些因素有关，二是欧姆定律。

本节内容与原教材相比在编写上有了很大的转变。新教材用较大的篇幅，注重学生的实验探究能力的培养，减少例题和课后习题的量以减轻学生的负担，而且该节课在整个电学中的位置更趋合理。在新教材中，电表的使用编排在欧姆定律之前，使学生在进行欧姆定律的实验探究时具备应有的实验仪器正确使用的能力。新教材重视猜想，旧教材中是直接跳过这个环节；新教材中没有直接给出电路图，而是要求学生自行设计，并且列出实验步骤；在实验探究中强调"变量控制法"；数据的分析处理方式，新教材除了表格外还引导学生利用图像来处理数据，使结论更直观清晰；注重学生之间的交流，并在结论得出之后还要求学生对整个实验过程进行评估。从教材的安排可以看出该节课具备了进行完整的实验探究的各个要素，并且所需的器材一般学校就已具备的，故适合应用探究性分组实验的教学方式。

三、学情分析

根据以往的教学经验，学生对电流、电压、电阻的概念能正确理解，也知道电流与电压和电阻有关，但对于它们的定量关系却知之甚少；对电流表、电压表和滑动变阻器的正确使用能较好地掌握，也能想到用控制变量法研究这三个物理量之间的关系，但对于如何具体实施探究过程却普遍缺乏思考。科学探究对于初中生来说既是一种学习方法也是一个学习内容，有了八年级的学习基础，学生对科学探究的内容并不陌生，但独立地进行科学探究，特别是本实验探究用到的器材较多，还要用滑动变阻器调节电路，同时兼顾这些对初中生来说是有一定困难的，因此需要教师的必要引导。

四、教学设计

新教材将欧姆定律的教学内容定义为科学探究，因为初中物理不从理论上解释欧姆定律，所以对学生而言，欧姆定律的建立完全依赖实验探究的结果。本节从开头引入课题后，就提出物理学中常用的研究方法。教学时重视研究方法的指导。如在三个或三个以上的物理量中，先要确定研究对象的物理量（如 I），然后逐一研究这个物理量和另一物理量的关系。研究时，要假定除这两个物理量外的其他物理量不变，然后将这些单一的关系综合起来。应该在常用方法的传授过程中，先将研究的思路和方案确定，然后再进行电路图的设计、电学器材的选择等内容的教学。

研究方法和步骤确定以后，实验电路不宜直接给出，而应启发学生根据实验目的和研究方法自己设计电路图，选择实验器材，设计实验表格，

第二章　新课程下的经典教学课例

并指导学生进行实物接线。接线时，要强调电路图和实物图一一对应。开始时应将滑动变阻器调到最大值，然后减小变阻器的阻值，使电阻两端的电压增加，电压值最好取整数，并成整数倍增加。在保持电压不变时，电阻值变化应成倍数地增加，但由于存在变阻器自身电阻和电源内电阻，需将阻值调大一些。进行定量实验前，也可先作些定性研究。取得数据后，引导学生如何分析数据。分析时，也可由学生自行研究。

对于探究电流、电压、电阻的关系的实验，探究过程应给学生足够的时间去思考、讨论。通过多媒体及时展示学生讨论、设计的方案，使学生间相互交流，共同提高，扩大每个学生的知识面。设计实验有一定难度，教师应及时充当优秀学生的角色参与设计和讨论，以便激励学生积极参与。本实验要改变电阻两端电压的方法至少有两种，一是改变电池的个数，二是利用滑动变阻器，应尽可能让学生通过讨论自己得出。进行实验时，可让学生按自己设计的方案进行实验，并非一定要统一要求。在分析表格数据得结论时，应让学生多发表自己的见解，不完整，不规范没关系，可在充分肯定其合理性的同时继续找学生补充，最后总结出规范的结论，得出欧姆定律的具体内容。

同时教材增加了 $U-I$ 关系图像，让学生学会运用图像进行分析，但由于是学生第一次接触，故对于学生来说是一个难点，因此，教师应从坐标轴的建立入手，使学生理解 $U-I$ 关系图像。

五、教学流程

（一）导入

创设情景：以演示实验导入新课。

演示小彩灯随电压的变化由暗到亮（要求学生注意观察电路中电流表示数变化情况，从而引入探究的主题）。

师：从上面演示实验观察到什么现象？说明什么？

生：思考并回答。

师：同学们，通过前面的学习我们已经掌握了电流、电压和电阻的相关知识。那么就你们掌握的知识来分析，电流与哪些因素有关？

【设计意图】

创设情景，引入新课问题，使学生在已有的知识上发散，符合学生认知规律。

（二）新课教学

第一环节 实验探究：影响电流大小的因素有哪些？

1．问题与猜想

问题1：电流产生的原因是什么？（电压是产生电流的原因）

老师进一步引导，这就是说，只有导体两端存在电压，导体中才会产生电流，没有电压导体中不会产生电流。同学们从这一点可以猜想电流大小可能跟什么有关？

导体中电流大小与导体两端的电压大小可能有关，电压大，电流可能大。

问题2：什么叫电阻？（电阻是导体对电流的阻碍作用大小）

教师进一步启发学生猜想，电阻大时，对电流的阻碍作用大，电流就不容易流过，对电流会产生影响，同学们从这一点可以猜想，电流大小还可能跟什么有关？

以上我们的这些猜想对不对？只有靠实验来验证。下面我们就用实验的方法探索电流跟电压、电阻的关系。

【设计意图】

通过层层设问，引导学生的思维活动，有助于学生去发现问题，大胆猜想，激发求知欲。

2．制定计划与设计实验

活动：现在我给你们一面鼓、一个音叉，你们有哪些方法能证明它们发声时在振动呢？

师：电流跟电压、电阻究竟是怎样的定量关系呢？怎样研究电流跟电压、电阻的关系？会用到什么样的物理方法，结合以前的学习具体谈谈。

生：用控制变量法表述本实验。

（控制电压一定，研究电流跟电阻的关系；控制电阻一定，研究电流跟电压的关系……）

师：实验分几步完成？每一步该如何设计实验电路才能达到实验要求？请同学们讨论并设计。

生：讨论设计电路。一些方案如下：

（1）研究电流与电压的关系

设计电路1：

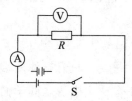

设计电路2

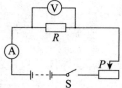

（2）探究电流与电阻的关系

设计电路1

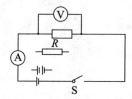

设计电路2

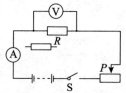

师：引导学生分析交流有代表性设计的小组的电路，完善实验方案，特别要强调滑动变阻器作用。组织学生交流实验方案。

生：通过交流对比发现各种设计方案的优点和不足，完善实验电路。

【设计意图】

教师要及时鼓励表扬并强调应注意的问题，让学生能顺利完成该步及

82

以下环节，充分挖掘潜力并让他们获得成就感。

环节实施预设，这是教学的重点，教师预备两套教学方案，对能力强的班，鼓励学生自己设计讨论交流完善方案。对能力弱的班，通过多媒体动画演示或教师示范引导，师生共同设计方案。

3．进行实验与收集数据

师：出示两个记录表格并分组。

（1）研究电流与电压的关系

实验次数	R = 10Ω	
	U/V	I/A

（2）探究电流与电阻的关系

实验次数	U = 2V	
	R/Ω	I/A

生：弄懂实验表格并明确任务。

师：为了更好地完成实验，请学生浏览投影上的注意事项：

（1）连接电路时，开关应处于断开状态。

（2）滑动变阻器的滑片应置于阻值最大处。

（3）注意认清和选择电压表和电流表的正负接线柱和量程，用试触的方法选择合适的量程。

（4）闭合开关前检查电路，确认电路无误后方可进行实验。

生：按设计的方案进行实验，并将实验数据填入表。

【设计意图】

教学重点因放在了实验电路设计，对于表格由于时间关系只要求会识别和记录；教学中要重视培养学生的基本实验操作规范和素养。

师：实验开始后，教师巡回指导，帮助学生纠正错误，排除故障。

【设计意图】

使学生在实验中进一步体验控制变量法，同时通过亲自实验，对欧姆定律产生感性认识。

4. 分析与论证

师：投影学生收集的数据，引导学生分析表格数据，找出规律，交流讨论归纳得出结论。这里要注意引导学生：①控制条件，使结论更准确；②追问学生得出具体的数量关系；③注意因果关系。

生：观察分析数据，归纳得到结论。

（电流越大，电压越大；电阻越大，电流越小；电压越大，电阻越小，电流越大；电流增大几倍，电压增大几倍；电流与电压成正比；电流与电阻成反比……）

师：引导学生在如下坐标中将表1、2中数据表达出来，用图像法分析数据，进一步理解和加深电流跟电压和电阻的正比、反比关系。

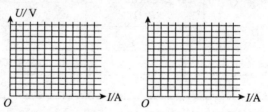

生：领会图像法处理数据的优点。

【设计意图】

培养学生信息的收集、分析和处理能力。

5. 评估与交流

师：参照教材第71页的问题引导学生进行评估。

师：出示下列例题：

在探究"电流与电压关系"的实验中，同学们进行了交流与合作。如图所示，同学们在交流中提出甲、乙两个探究思路，请对这两个探究思路进行评估。

从操作方面评估：甲电路虽然简单，但需要改变电池个数，操作不

便。乙电路不需要拆装电路，操作简便。

从安全方面评估：甲电路电压成倍数变化，容易烧坏电源或电流表。乙电路有滑动变阻器，能起到保护电路的作用。

从收集数据方面评估：甲电路不能选取任意数据，结论存在特殊性。乙电路可以选取任意数据，结论具有普遍性。

【设计意图】

让学生养成反思的习惯，提高实验和学习能力。

第二环节　欧姆定律

师：引导学生进一步归纳得到欧姆定律及其表达式。

生：分析归纳。

师：安排学生观看欧姆发现欧姆定律的视频介绍，学习欧姆的探究精神。

生：学生观看、感悟。

【设计意图】

培养学生的科学精神。

师：引导学生理解欧姆定律。

（1）I、U、R 同时性、同体性；

（2）I、U、R 的因果关系；

（3）单位统一；

（4）基本式及变形式的理解。

生：理解消化。

【设计意图】

培养学生对基本物理规律的理解和掌握能力。

师：指导学生灵活运用欧姆定律公式和变形式计算有关问题。

例1：一盏白炽灯电阻为807欧，接在220伏电源上，求通过这盏灯的电流。

生：练习1：已知 $R = 6.3$ 欧，$I = 0.45$ 安，求 $U = ?$

练习2：已知 $U = 7.2$ 伏，$I = 0.4$ 安，求 $R = ?$

师：指导学生掌握电学题的解题的思路、格式、方法。

例2：并联在电源上的红、绿两盏电灯，他们两端的电压都是220伏，电阻分别为1210欧、484欧。求：通过各灯的电流？

生：注意老师的解题的思路、格式、方法。

【设计意图】

巩固对欧姆定律的理解，并灵活运用解决有关问题，训练解电学题的一般方法和规范。

第三环节　小结

1. 影响电流大小的因素有：电压、电阻；

2. 欧姆定律确定了电流、电压、电阻三者的关系，是电学重要的基本定律，同学们在学习生活中要发扬欧姆实验探究的科学精神；

3. 本节课又一次在实验探究中用到了"控制变量法"，在数据处理分析中用到了表格法和图像法，请同学们注意领会。

【设计意图】

(1) 通过整理和交流，清理知识，完成知识的构建，分享他人的感受。

(2) 让学生将所学知识运用到解决社会热点问题中，培养学生的社会责任感。

第四环节　作业布置

1. 请同学们在网上查看有关欧姆发现和建立欧姆定律的历史资料。

2. 教材第73页1~4题。

【设计意图】

通过布置课外探究性作业，进一步让学生加深对欧姆定律的理解。

第三章　物理课堂教学典型问题的解决

在物理课堂教学中，无论采用怎样的形式，都是为了将相应的物理知识传授给学生。但是，不同的课堂，需要采取有所区别的教学方法，才能有效地实现课程目标。在本章中，我们以物理课堂教学中的最常采用的几种教学形式，即现象课、概念课、规律课、应用课和复习课为例，介绍了课堂教学的具体实现，提出了这些课堂中典型问题的解决途径。

现象课教学

唐联珍

一、现象课

现象课是指课堂教学中通过展示物理现象，让学生从观察、思考物理现象出发，经历"问题提出"和"探究本质"的思维过程的课型。现象课的目的是帮助学生建立起学习新知识所必需的情景，奠定思维的基础。现象课在物理教材中一般编排在一本书的开篇、一章的首节，同时物理现象还会出现在一节课的几个环节。

现代认知心理学的研究表明，只有现象在人脑中形成一定的表象，人们才能摆脱具体的事物，通过概括、抽象，过渡到思维，从而实现从感性到理性的飞跃。物理现象教学是形成物理概念，得出物理规律的依托，是形成物理情景、分析物理问题的前提，是激发学生学习兴趣的重要途径。但是，在实际教学工作中，由于各种客观原因，往往使得物理教学只重视概念、规律本身的教学，学生对物理学习的好坏也只靠能做多少物理难题来衡量，而忽视了对物理现象的本质的认识，忽视了对物理概念的形成、物理规律的得出过程的分析与讨论。从而造成了学生只能死记结论和公式，在题海中盲目地乱套公式，结果是负担很重、收获甚微，题做了不少，懂得的物理道理却不多。这样的教学对学生来说，等于在本来就比较难学的物理课上雪上加霜。因此在新课程背景下，要摆脱这种被动局面，就必须重视物理现象的教学，使学生在学习知识、分析问题的过程中能较顺利地实现形象到抽象的过渡，找到思维的支撑点，从而真正学好物理学的知识与方法，实现"从生活走向物理，从物理走向社会"的课程目标。

二、初中物理现象课教学的主要任务

正因为现象课教学的主要目的是帮助学生建立起学习新知识的必要情

景，所以现象课教学的首要任务是让学生充分感知相关的物理现象，引导学生学会通过物理现象发现其本质；其次是通过物理现象课的教学培养学生应用物理知识解释相关的物理现象并能很好地利用物理现象解决生产和生活中的实际问题的能力；在物理现象课的教学中，学生不仅学习物理知识，还亲自参与问题的发现与解决过程，学习科学的研究方法，所以物理现象课教学还是培养学生物理思想和研究方法的重要过程，使学生学会创新。

三、初中物理现象课的教学原则

进行物理现象课教学要遵循以下原则：首先应具直观性，即选择的物理现象本身要便于观察，所展示的物理现象与所要说明的物理问题应具体明确。其次是科学性，在教学中展示的物理现象与所要说明的问题具有因果关系，分清发生这一现象的主次因素。

同时，在进行现象课教学时，我们通常采用如下几种教学方法，以达到课堂教学效果的最优化。

（1）教师演示：这是现象课教学采取的最普遍的方式。在教学中教师用身边的物品或实验室提供的器材，通过营造生动具体的实验演示，引导学生认真观察实验，分析实验现象，探索发生此现象的条件以及其揭示的物理规律，在一个个生动的实验中让学生体验探究科学的思维过程。

（2）师生讨论：有些物理现象，学生认识和理解它十分困难，此时，要发挥教师的主导作用，通过教师精心设计的演示实验，详细完整地进行理论分析，积极组织学生参与讨论，可使学生充分认识和理解这些物理现象。

（3）学生探索：有些物理现象，为了达到更好的效果，在教学中教师可以设计一些分组实验，让学生自己通过实验去探索、研究物理现象，发挥小组的各成员的作用，让各小组各自观察物理现象，分析其产生的条件，理解物理现象的意义，最后各小组分别汇报或对其他小组的情况进行补充等方式来达成对物理现象的探究。这样的教学方式有利于激发学生自身动力，还培养了学生的科学精神和合作意识。

（4）学生自学：有些物理现象比较简单，学生通过自学是可以掌握的，教师可以设计有关物理现象的思考题，让学生带着这些问题去看书或查阅资料，然后在教师的指导下，分析、讨论思考题，得出结论，从而达到认识和理解该物理现象的目的。这样的教学方式既节约时间，同时也培养了学生的自学能力。

四、典型问题解决案例

1. 如何在现象课中培养学生自主提问能力①

新课程明确提出目标：能在观察物理现象或物理学习过程中发现一些问题，有初步的提出问题的能力。这些思想和理念都是我们行动的指南，从而找出最有效的教学方式。

教育理论与实践告诉我们，针对问题产生的学习，是最有效的学习，因为它抓住了人最本质的思维特点，但是，针对什么问题——是老师提出的问题还是学生主动提出的问题，这两种不同的教学方式得到的教学效果是截然不同的。

场景一：

在教学《光的色散》一课时，老师首先请大家预习课本知识（3分钟），接着提问：什么叫做色散现象？学生则根据书上文字回答色散现象定义，然后老师则演示白光通过三棱镜所发生的色散现象，同时告诉同学们彩虹的形成就是色散现象。老师再次提问："你们知道生活中还有哪些色散现象吗？"很多学生则因为缺乏思考或没有理解而显得非常茫然。

在上述案例中这种讲法看似比较全面，既有概念的讲解又有概念的应用。但是整个教学过程都缺乏学生自己的思考，他们不明白为什么要学习"色散现象"这个概念，也没有弄懂为什么彩虹的形成是色散现象，更没有思考生活中还有哪些现象是光的色散现象。所以最后学生对于知识的理解只是停留在表面，没有更深层次的理解，更加谈不上对于知识的应用。

其实真正导致这种结果的原因在于这种教学方式没有激发学生的"问

---

① 本课例作者为吴林恒、郑世彬。

题意识"，所以学生在学习的过程中没有发生思维的碰撞，最后的学习效果显然也是事倍功半的。爱因斯坦在他的《理性中的灵感》一文说到："提出一个问题往往比解决一个问题更重要，因为解决一个问题也许仅是一个数学上的或实验上的技能而已。而提出新的问题，新的可能性，从新的角度去看旧的问题，却需要有创造性的想象力，而且标志着科学的真正进步。"所以，教学设计中问题的提出应该特别关注让学生自主学习发现并提出要探究的问题。

为此，我们建议老师可以在教学现象课时采用四轮渐进达标法。第一轮，学生通过预习，对本节知识内容有初步的了解和认识；第二轮，观察实验以及亲自做分组实验，在观察、体验、交流中加深对知识的理解；第三轮，通过运用知识解释生活现象和课堂练习，达到巩固知识和对知识的意义构建；第四轮，在总结知识和提出新问题过程中，实现知识的飞跃和升华。

学生的学习过程不仅是一个接受知识的过程，而且也是一个发现问题、分析问题、解决问题的过程。在这个过程中，一方面能够暴露学生产生的各种疑问、困难、障碍和矛盾，另一方面也使学生的聪明才智得到展示，个人特长得以发挥，这是一个人学习、生存、生长、发展、创造所必需的经历，它对学生的发展具有不可量化的长效。所以培养学生自主提问能力是非常必要的。

2. 如何适时选用多媒体素材呈现物理现象[①]

在《物理课程标准》中指出"物理教学离不开现实的物理情境。但是，学生的直接经验、学校的实验室条件，都是有限的，也不可能让学生做太多的现场参观，因此，切合学习实际的音像资料是十分必要的"。

但我们也发现，部分老师仅仅把多媒体的使用当作是一种潮流或者是一项任务，在进行多媒体教学设计的时候没有思考如何驾驭这种教学方式，只是单纯地、无序地把很多多媒体素材混杂在一起呈现给学生。这样本末倒置的情况不但不能发挥多媒体教学的优势，还会分散学生的精力，

---

① 本课例作者为陈旻玥。

使得学生的学习效果大打折扣。

场景一:

请大家看视频。

通过观看视频大家是否发现磁体不同的部位吸引铁钉的数量不相同呢？我们根据被磁体吸引的铁钉的数量可以推断条形磁体的两端磁性最强，中间的磁性最弱，我们把磁体上磁性最强的部位叫做磁极。

场景二:

同学们，磁体之间的相互作用是通过什么实现的呢，其实啊在磁体的周围有着一种特殊的物质，叫做磁场。磁场是看不见摸不着的，为了方便人们的研究，人们通过合理的推测，假想了很多曲线来表示磁场。这些曲线都是从 N 极出发回到 S 极，在靠近磁极的地方曲线密集，在远离磁极的地方曲线稀疏。

在课堂上，教师的作用是至关重要，作为课堂教学的主导，教师应是导航者、设计者，教学效果的好坏取决于老师对课堂的设计和调控能力。无论传统教具或者多媒体素材，只要选择恰当，使用合理，为推动教学进程服务就是好的。但是往往由于种种原因，老师只顾及到了选择教学手段，而忽视了手段本身对教学的作用究竟是什么。

场景一中所展现的情况，本来可以直接用很简单的器材就能方便地完成的实验，为了体现课堂的现代化偏偏要使用视频素材来展示。这使得学生失去了一次和物理知识亲密接触的机会。

场景二中所展现的情况，本来存在但看不见的磁场再加上本来不存在但可以看到的磁感线，恐怕这样的文字读起来都拗口，在新课上给学生平铺直叙的讲解时有几个学生能够真正地理解呢？如果此时能够有一个三维动画展示磁感线的分布情况那对学生学习兴趣的提升会有明显的效果。

所以教师在对教学内容进行设计的时候要根据教学内容、教学目标和教学对象的特点，合理选择、有机组织各种教学资源，让各种教学资源优势互补，达到最理想的教学效果。单纯的多媒体展示，实质上是只注重了教学的形式，忽视了教学内容。我们都知道形式是为内容服务的，如果只有形式没有内容，那么学生在上课之后除了看到多媒体的兴奋之外在头脑中将什么都留不下。

　　现在物理教师之所以都很推崇多媒体教学，是因为在传统教学手段中，有些实验受到观察条件的限制，无法给学生全面准确地再现一个直观的物理过程。比如微观的原子结构模型，比如抽象的力、磁场，比如内燃机工作循环。有些实验受到地域或季节限制，导致实验现象不容易让学生在课堂上观察到，如海市蜃楼、雾凇等。针对这些传统教具演示比较麻烦的内容，我们完全可以采用多媒体素材展示，但是我们不能一味只图方便，把很多简单的，易于操作的实验也用多媒体视频代替，毕竟物理是一门实验学科，学生需要利用实验操作把书本上的结论条款内化为自身的科学知识积累，这个内化的过程必须通过学生动手参与实验、多媒体展示等手段，尽可能地完整再现物理现象，让学生真切体验物理现象，这个过程是不是单靠某一种手段就能轻松达到的，必须依靠多种教学媒体的有机结合。

　　多媒体素材只是教学的辅助，不能替代传统的教学，教师在设计课堂教学的时候，如果要利用多媒体素材，一定要认真思考如何才能充分发挥出各种教学资源的优势。首先要思考的问题是利用多媒体素材的目的是什么，期望达到怎样的效果，然后再根据目标来考虑选择哪个素材，最后还要考虑如何合理地安排各个素材，特别是多媒体素材一定要想清楚素材的呈现方式和出现的时机。

第三章　物理课堂教学典型问题的解决

概念课教学

张晓峰

一、概念课

概念是反映客观事物本质的一种抽象。就某一物理概念而言，就是某一物理现象的本质在人的大脑中的反映，它是在大量观察、实验中获得感知、形成观念的基础上，通过分析、比较、综合、归纳、想象等思维活动，区别出个别与一般、现象与本质，把一些物理现象的本质的、共同的特征集中起来加以概括而建立的。

如果把物理定律比作构成宏伟、壮丽的物理学大厦的支柱，那么物理概念便是构成物理学大厦的砖瓦基石。长期的教学实践告诉我们，物理概念是整个物理学的核心，它是学习物理学、理解物理公式含义、掌握其法则规律等的基础，因此，概念教学在整个物理教学中是极为重要的。

初中物理概念大致可分为三大类：第一类是反映物质属性的。如：惯性、质量、沸点、电阻、能量等，这类概念的特点是：其含义深刻，富有哲理性，很难从其表面定义上获得深入理解。但可以从构成概念的字眼上推敲概念的深刻内涵，从而更好地理解掌握概念。第二类是反映物体间相互作用及其规律的概念的。如：速度、功率、机械能、电流、电压、压强等。它们的共同特点是：用两个或几个物理量的乘积或比值来表示它们的定义。这些概念可以通过比较不同实例中相关数据的大小来加深对概念的理解。第三类是概念的名称本身就是对物理现象的描述。如：匀速直线运动、圆周运动、形变、熔解、反射、折射、静电感应、电磁感应等。这类概念的特点是：对概念本身而言，并不难理解，所以，教学的重点应放在如何理解这些物理现象产生的原因、条件及规律。

二、初中物理概念课教学的主要任务

在概念教学中，除了让学生掌握必要的知识和技能外，还要充分利用学生的好奇心和创造性，使他们养成良好的思维习惯。因为概念教学是认识客观本质的一种思维形式，它能帮助学生从感性认识上升到理性认识。在概念教学中，要关注学生的主观性，从学生的认识基础出发，让学生明确构建意义，关注概念的主观性和抽象性，让学生能独立发表自己的见解，又要能协作交流，用自己的语言表达概念。可以说，概念教学是引导学生进入物理知识殿堂的第一站，教师不仅要关注学生对概念的认知程度，更要重视学生学习概念的过程和方法，在学生学习概念的过程中，培养他们良好的情感态度和正确的价值观，加强概念知识与科学技术、社会的联系。

三、初中物理概念课的教学原则

首先，教师应当创造条件，使学生在了解大量的物理现象，观察物理实验的基础上，对有待研究的事物有一个较深的印象。在这一过程中教师要着重引导学生善于观察，达到了解现象，取得资料，发掘问题和勤于思考的目的。

其次，在上述基础上，引导学生进行比较、分析、综合、概括、排除次要因素，抓住主要因素，找出所观察到的一系列现象的共性、本质属性，形成概念，用准确的、简洁的物理语言或数学语言给出准确的表述或定义，并指出所定义的概念的适用条件和范围。

最后，通过与有关，相近概念的对比，以及进行适当的练习应用，来巩固、深化概念的目的。

以上的程序，虽然不是绝对的，但其中的原则是应该遵循的。至于在教学过程中，采取怎样的教学方法、方式、选取哪些具体事例、选择哪些现代化的教学手段，则应根据具体情况自行确定。

四、典型问题解决案例

1. 如何合理增设环节加深学生对概念的理解①

课程改革所倡导的新观念，将深刻地影响、引导教学实践的改变。作

———————

① 本课例作者为黄敏。

为一个物理教师，其教法将随着学生学习方式的改变而改变，由教物理向教学生学物理转变，由侧重知识传授向侧重学生发展转变，由侧重教师"教"向侧重学生"学"转变，由侧重结果向侧重过程转变，由统一规格教育向差异性教育转变。在新课程理念下，如何有利于物理"教"和"学"行为方式的转变，已经成为实践物理的重要内容。

特别是在物理的概念课上，往往由于概念枯燥，一般只会记住概念文字，不能深入理解概念实质。因此"如何合理增设环节加深学生对概念的理解"这个问题迫切需要得到探究解决。增设环节不仅要考虑学生的心理承受力，也要符合学生的认知过程。合理的增设环节不但可以加深学生对概念的理解，还可以使学习活动成为学生主动进行的、快乐的事，而且还有利于改变学生的学习方式，锻炼学生的创造性思维，培养其学习能力。

场景一：

教师出示铁钉和铁锤；塑料管和橡皮筋；桌子和凳子等，铁钉和铁锤都是铁做的，铁钉所含铁少，铁锤所含铁多，以此类推，通过引导得出质量的概念。

场景二：

托盘天平是实验室测量质量的工具，请同学们仔细阅读天平使用说明书，然后用天平称量身边物体的质量。

物理教学的过程应当是一个不断提出问题和解决问题的过程，因此，教师无论是在教学的整体过程中，还是在教学的某些细微环节上，都应十分重视各个环节的设置，使学生进入问题"探索者"的角色。

场景一中，学生在这个过程中的主体地位体现得不够充分，只是单纯的回答老师几个简单问题（如：铁钉和铁锤他们都是由什么物质组成的，铁钉所含的铁少，铁锤所含铁多等）思维形成定势。

场景二中，让学生阅读说明书，能培养学生的自主学习能力，但有的同学看了也就看了，不能进行深层次的提炼和归纳，不能提出任何有价值的问题来研究，接受知识显得很被动。在学习中学会学习，而增设环节，使学生产生明显的意识倾向和情感共鸣，乃是主体参与的条件和关键。

在求知过程中"自主、探究"能大大提高教学效率。这就要求教师有强烈的学生意识，把学习的权利和探索的时空留给学生，让学生自己选择学习的方式，设计活动方案，安排学习程序，通过观察、操作、猜测、思考、讨论、验证等多种活动，在研究性学习中获取知识，同时，形成自主学习的能力和刻苦钻研精神。在引入质量概念的时候，"物体所含物质的多少"这简短的一句话中却出现了"物质"和"物体"两个名词。同学们一看很容易混淆，在此合理巧设辨别"物体"和"物质"这一环节，将降低理解质量概念的难度。这样符合学生的认知过程。然后很自然地过渡到学生通过比较桌上熟悉物体讨论分析得出质量的概念这一环节，增设这一环节能提高学生自学探究能力。在讲正确使用天平的时候，让同学们阅读说明书，然后增设环节：用挂图或者多媒体熟悉天平结构及各部件的作用，通过说明书讨论归纳出天平的正确使用方法及注意事项。然后再进行称量身边物体的质量。

当然无论你如何合理地增设环节，都是让学生更好地理解概念本质的一种手段，这将大大提高课堂教学效率，同时提高学生的探究能力。

2. 如何利用转换法引导学生理解抽象概念[1]

《物理课程标准》要求，在突出科学探究内容的同时，重视研究方法的指导，使学生在进行科学探究、学习物理知识的过程中，逐渐拓宽视野，初步领悟到科学研究方法的真谛。因此，教师必须重视物理教学中蕴含的大量的科学方法，把它们渗透到教学活动中去，适时向学生介绍、点拨，让学生在学习活动中去体验、体会科学方法，逐步提高学生科学探究能力。所谓"转换法"，主要是指在保证效果相同的前提下，将不可见、不易见的现象转换成可见、易见的现象；将陌生、复杂的问题转换成熟悉、简单的问题；将难以测量或测准的物理量转换为能够测量或测准的物理量的方法。转换法是帮助学生理解"比热容"概念的重要的科学研究方法之一，但课本中并没有直接提及到这一方法的知识，很多资料上讲解也不多。

在学习九年级教科版《比热容》这个抽象概念时，如果不注意选用恰当的教学方法引导学生，会使教学进入下面这个误区而难于纠正，如某老

① 本课例作者为朱君义。

师在讲比热容概念时，没有任何铺垫一上课就问："相同质量的水和沙子在太阳照射相同时间后谁升温高？谁吸收热量多？"学生只能凭日常生活经验和想象答："沙子升温高，沙子吸收热量多。"对于接下来的问题："这两个物体谁吸热能力强多？"学生更是一头雾水，即使强行按老师讲比热容知识记住了，但在具体应用中学生会因不理解比热容概念，犯各种各样的知识错误，如面对"为什么用水做制冷剂时？"，学生会在"水的比热容大"和"水吸热量多"两个选项中选择后者而放弃"水的比热容大"的正确答案，可见，以上的教学方法是不可取的。

教师在教学过程中忽略了初中学生的认知特点，设置问题太过抽象，进入八年级以后，初中生思维从具体形象思维过渡到简单抽象思维。这个时期的逻辑思维还不占优势，有很大成分的具体形象性。吸收热量的多少和物质吸热能力无法直接比较，学生需要在具体的、直观的感性经验或现象的基础上加以帮助理解。此处用转换法的科学研究方法能起到很好效果。

在现代教学课堂上，老师起主导作用，这个"导"应体现在认清学生认知特点和思维特点的基础上采用科学合理的引导方法，重在培养学生的思维能力和学习能力。在上述案例《比热容》的教学中，老师根据教学内容和学生思维特点，合理采用转换法将抽象思维的问题转换为形象思维的问题来解决，帮助学生越过思维障碍，收到很好的教学效果。所以在教学中，教师应善于反思和总结教学经验，分析教学内容和学生思维特点找出适合学生的最好教学方法，也才能解决好物理抽象概念与初中学生抽象逻辑思维欠缺的矛盾，教无定法，只要善于做教学中的有心人，教学效果一定会很好。

3. 如何用生活中的实例诠释物理概念[①]

在新课程的教学背景下，学生是学习的主体。根据学生的年龄特点和认知规律组织教学是教学设计的必然要求，如何用学生易于理解的方式进行物理教学是值得思考的问题。新教材编写意图重点在于强调学生经历科学探究过程、学习科学研究方法、树立探索精神与创新意识，在物理概念

---

① 本课例作者为周马健。

新课程物理怎么教

的描述上简洁而精炼。但在具体的课堂环境下，如何清晰地理解物理概念是一个值得深入探讨的问题。物理来源于生活，物理概念的理解应回归生活。物理概念如果脱离了生活现象就成了无源之水，无本之木。

场景一：

沪科版教材第 116 页关于质量的描述只是叙述："物理学中把物体所含物质的多少叫做物体的质量"。课本用分别装有质量相等的水和冰的杯子对比说明质量与状态无关。用"航天员太空行走"说明质量不随空间位置的改变。用"泥团捏成小动物"说明质量与形状无关。

场景二：

沪科版教材第 126 页为了说明浮力的存在只列举了"巨轮远航，热气球升空"的实例。

场景三：

沪科版教材用加热水和煤油的实验对比说明不同物质吸放热本领不同。

物理概念来源于生活，在理解概念时应当回归生活。作为课堂教学主导的教师，应该利用学生身边熟悉的生活现象，建立起概念与生活现象的联系，才能更好地帮助学生认识物理概念。

教材碍于篇幅的限制，所举实例并不多，有部分并不贴近学生生活；有些例子脱离学生实际，学生无法亲身感受，不利于对概念的理解。如果教师完全忠实于教材，只是利用教材中给出的物理概念及少有的素材来讲解物理概念，而不善于用生活中的实例来内化物理概念，就会导致学生缺乏认知的环境，造成理解的障碍，出现似懂非懂或懂而不透的现象。

场景一在讲述什么是质量时并没有说明什么是物体，什么是物质。而在说明质量是物体的基本属性时，所举例子也与学生不太贴近，学生并没有在太空行走的感受，也不一定有对比称量捏之前的泥团和捏之后的泥团的质量的经验。用玻璃板盖住杯口观察冰的熔化的实例学生也不常见。只认识这些实例，学生可以接受结论，但不一定深信。

场景二所举"巨轮远航，热气球升空"的实例虽然可以很好地表现浮力，但学生不一定有坐过热气球的实例，也没有感受过轮船受到的浮力，学生只能知道却没有体会；而对于浮力的方向问题，课本也没有例子加以说明。

场景三所设计的加热水和煤油对比的实例，在生活中并不常见，学生也不常接触煤油，更没有加热煤油的体验。此实验通过对比虽然能说明问题，但不具实际用途。

如果能将物理概念生活化，借助于学生原有的生活常识来内化物理概念，用学生身边的直观的生活现象或用已有的亲身感受来诠释物理概念，可以使物理概念从抽象变具体，从复杂变简单，从枯燥变生动。物理概念教学一定能收到很好的效果。同时还能让学生感受到物理来源于生活，物理就在我们身边。

（1）选用已有的认知经验实例来诠释概念。

例如：在讲对质量的理解时，通过举出"铁钉"和"铁"、"木门"和"木头"的例子，来说明什么是物体，什么是物质，学生就会对质量的定义有更清晰的认识。

（2）选用学生能现场体验的实验来诠释概念。

如：在讲解质量时，用未开封的冰冻矿泉水和没有冻过的矿泉水对比，让学生拿着感受质量相等来说明质量与状态无关；在讲解密度引入时，用两只相同的量筒，一只装水，另一只装等体积的细沙，让学生在课堂上感受质量的不同；把相同质量的棉花和铁块放在天平上让学生感受体积的不同。

（3）选用学生能接触的家庭生活实例来诠释概念。

如：在讲解比热容时，可以用加热水和牛奶的对比实验来说明不同物质的吸热本领的强弱更贴近学生生活（学生通常都有热牛奶的经验）。

可见，在对物理概念的讲解时采用学生身边的实例创设概念教学情景，巧妙地运用学生的体验与物理知识的联系来诠释物理概念，更能让学生理解深刻，记忆清楚。也能落实新课程"从生活走向物理，再从物理走向社会"的教学理念。

规律课教学

郑其武

一、规律课

规律课是指以物理规律为主要教学任务的一种课型。物理规律是物理现象、过程在一定条件下发生、发展和变化的必然趋势及其本质联系的反映。它是中学物理基础知识最重要的内容，是物理知识结构体系的枢纽。因此，规律课教学是中学物理教学的中心任务，它是物理教学中的基本课型之一。

初中物理规律主要包括：①物理定理：如阿基米德原理等。②物理定律：如牛顿第一定律，光的反射定律，欧姆定律等。③物理定则：如力的合成等。④物理学说：如分子动理论，原子核式结构学说等。

二、初中物理规律课教学的主要任务

初中物理规律课教学的主要任务是：①让学生充分体验物理规律的发现过程。掌握科学的研究方法，提高观察、实验能力、思维能力，培养学生的创新意识，激发学生进行科学探究的积极情感。②帮助学生深刻理解规律的物理意义。③运用物理规律解决实际问题。

三、初中物理规律课的教学原则

初中阶段所学习的物理规律主要是通过大量具体事实（包括观察与实验）归纳而成的结论，更适合用科学探究的方式进行教学。

在《全日制义务教育物理课程标准（实验稿）》中写到："科学探究既是学生的学习目标，又是重要的教学方式之一"。用科学探究法学习物理规律，让学生在探究过程中既学习了物理规律，又学到了各种技能（包括观察、实验、推理的技能，以及收集信息、处理信息、传递信息的技能）；让学生在探究过程中，把过程与方法结合在一起，从而在学习规律的同时，又学习了科学方法，培养了学生探究科学的兴趣和对物理现象的好奇心，激发了学生独立思考、勇于思考、勇于实践、勇于创新的科学精神，使他们逐步形成科学的态度和价值观。因此，用科学探究法学习物理规律有利于改变过去只注重物理规律本身的知识，不重视过程与方法、科学态度与科学精神的培养的不良状况。

物理规律课教学主要包括以下环节：①创设情景，形成问题。科学探究始于问题，教师需要有效地创设问题情景，激励学生进行观察和思考，启发和引导学生大胆地提出问题，筛选出与物理规律主题一致的科学问题。②实施探究，促进建构。对科学问题的研究要从定性探讨入手。要灵活设计和安排学生的猜想、制定计划、操作、分析论证、评价、交流等活动，应根据学生的基础和具备的条件以及所探究问题的需要，有所侧重，不宜强求探究模式的完整。规律教学中的科学探究要取得明确的认识成果。要重视师生之间、生生之间的交流与合作。必要时要引导学生反思和讨论规律的物理意义、成立条件、适用范围等。为了加强物理科学方法、科学本质的教育，规律课教学要尽量结合物理学史作一些拓展，并在评价环节反思探究过程中的科学方法、科学思想。③运用规律，解决问题。教师在引导学生通过探究得出规律后，要及时将规律教学导入巩固、深化、活化的阶段。教师需要选用一些难度适当、与实际相联系的问题，引导学生主动参与到问题解决的过程中来，使学生在应用中进一步领会物理规律的意义和功能。

四、典型问题研究案例赏析

1. 如何在规律课中引导学生理解演示实验[①]

物理演示实验目的是为了阐述物理规律和原理，在真实、正确地反映了物理规律和原理的基础上，整个过程应围绕实验目的进行。但初中学生

---

① 本课例作者为唐文凯。

对实验的注意力常常集中在操作和现象上，教师则往往忙于收集数据，在此过程中，老师如果忽略了演示实验的目的所在，而把重心放在数据的收集和处理上，那么师生完全处于被动状态，舍本求末，以致学生意识不到演示实验的真正目的所在，往往无法达到获取知识、培养学生能力的目的。

场景一：

选择毛巾、棉布、玻璃三种材料做平面。让小车分别三次从同一斜面的相同高度自由滑下，观察小车在不同材料的水平面上运动的情况。（在桌面铺上毛巾、棉布、玻璃。）用同一小车从同一斜面（记下高度位置）自由滑向相同的平面，请一个同学量出小车在平面（毛巾上）移动的距离并填表。用同一小车从同一斜面相同的高度自由滑向相同的平面，请一个同学量出小车在平面（棉布上）移动的距离并填表。用同一小车从同一斜面相同的高度自由滑向相同的平面，请一个同学量出小车在平面（玻璃上）移动的距离并填表。

教材中某些重要的规律通过演示实验归纳得出，比教师单纯地讲授更容易使学生接受。教材的某些重点、难点学生存在疑虑，必须通过演示实验才能使学生真正地领会。《牛顿第一定律》，是建立在大量事实的基础上通过推理而得出的。初中学生对于理想实验的理解本来就存在难度，上述案例提及的是其中一个片段，老师设计演示实验时如果再加上测量长度这一环节，会大大增加学生的压力，把重心放到数据的记录上，不利于理解演示实验的目的。

物理学之所以可靠，就是因为它们是建立在大量的实验事实基础上并经过后来事实的检验。观察是认识事物、获取真知、发现问题的源泉。演示实验必须有很强的可见度。在场景一中，老师在选择三种材料时，已经使三种材料产生的摩擦力相差很大了，学生很容易观察到三次小车滑动的距离相差很大。根本不用测量就会得到远近的关系。这时的测量不但是多此一举，还会打断学生的思路，影响演示实验的效果，所以演示实验中对于无关的物理量，尽量不要涉及，以免影响学生的理解。

只有目的明确，才能要求具体，教师在做物理演示实验时要有明确的目的。演示一个实验要达到什么目的，有哪些具体要求，在整个实验过程中教师和学生都应该明确。每一步，教师都要明确演示此步实验是为了解决什么问题，应该突出哪些实验现象，重点示范哪些操作要素，如何启发学生积极观察、思维，得出结论。学生也应明确此步实验的目的，从而激发学生观察实验、思考问题的积极性，让学生抓住实验的主要现象和本质问题。

演示实验的操作步骤应尽量简单，因为结构复杂、操作繁琐的实验，往往会分散学生的注意力，同时增加学生的理解难度。更重要的是演示实验的设计过程要围绕主题，应具有很强的目的性。具体地讲就是要明确必须围绕或解决什么问题，要得出什么结论或验证什么定理，建立什么概念等。所以设计实验时一定要目的明确，重点突出，结论直接。物理教师在设计演示实验时，尽量做到装置简单，操作简便。这样可以把学生的注意力引到实验装置的主要部位上来，以减少因仪器过多、装置复杂而分散学生的注意力。

物理教师所做的物理演示实验是为了解决学生在学习中不易理解的物理知识而必须做的实验。这种实验本身来说就存在一定理解难度，如果老师不站在学生的位置考虑，三下五除二完成实验，让学生云里雾里，根本谈不上过程的思考。这样一来，本来是为了便于学生理解物理概念的演示实验起到了反作用。在设计演示实验时，一定要预设学生不好理解的每个环节，讲解时做好充分的铺垫，才不会出现学生越听越不懂得情况。课堂中的演示实验是教师为学生提供感性认识材料的过程，能使学生对实验获得清晰的印象，同时，演示实验教学也是一种高密度思维的教学组织形式，必须因材施教，找准切合自己学生的演示方案。所以要求教师在做演示实验时要有严密的环节，浅显易懂的讲解，让学生的思维能一级级发散开来，随着演示实验过程的层层递进，让学生明白每一步的原理，这样才能真正懂得演示实验阐述的物理知识。比如伽利略理想实验，教师觉得简单，而学生却很不容易理解。在实验前，教师必须做好各种铺垫，将各种学生理解不了的知识解释清楚，再将各环节联系起来完成实验，学生才能水到渠成理解演示实验的意义。在这个课例中，教师通过提问复习影响摩擦力大小的因素，在此基础上，拿出毛巾、木板、玻璃，让学生认识到毛巾产生的摩擦力最大，玻璃产生的摩擦力最小。再问学生，怎样才能让小球在三种不同的平面上有相同的速度，引出，如果小球在同一斜面的等高处滑下，在斜面底部有相同的速度。将此实验的变量和定量的来龙去脉讲述清楚后，再完成实验。让摩擦力越来越小，引导出摩擦力消失的推理。

演示实验，就是要学生通过观察现象，得出正确的结论。如果学生在演示实验中什么都看不到，或现象不明显，学生就会无从下手，打击了学生的学习积极性，所以教师在做演示实验时要尽量避免这种情况的出现。比如在做伽利略的理想实验时，首先要让学生明白不会有绝对的无摩擦。那么我们只有看摩擦不同时，摩擦力对物体运动状态改变的影响。演示实验时，三次的次序是摩擦力越来越小，过渡到摩擦力消失的推论。将学生的思维与演示实验的目的联系在一起。

除了上面几点策略，演示实验，必须做到直观。教师在演示实验时，要保证让全班学生都能看清实验时发生的现象。实验时选材很重要，用的仪器要大，需要比较的材质差别要明显。同时要让学生看得见，演示桌的高度要适当；教师在演示时位置要选好，身体不要遮住仪器，或挡住一部分人的视线，仪器之间也不要互相遮挡。演示桌上的仪器布局要合理。主要的仪器或发生主要现象的仪器应放在突出的位置，辅助仪器放在次要位置，没有用的仪器不要放在桌上，以免分散学生的注意力。当仪器太小或现象不够明显时，可用实物投影的方法放大演示实验的现象。

2．如何有效确定规律探究课中的侧重点①

物理课程标准根据科学探究的一般要求，将科学探究分为七个环节。在实际探究教学中，我们不能机械地生搬硬套，如果在一节课中把这七个环节放在平等的位置，这样会因为时间的原因而"顾此失彼"。老师忙着赶时间，没有让学生体验应有的过程，蜻蜓点水般应付过去，每个探究环节都没有落到实处，成为"假探究"。

科学探究学习强调学生的自主性，但并不忽视教师的指导，尤其是某

———————————

① 本课例作者为曾伟宏。

些实验，学生花费大量时间，在等待中消耗了宝贵的时间，这都属于无效问题和无效探究。如果老师没有灵活的教学策略，显现出侧重点，会让学生走弯路从而耽误时间。教师适时的、有效的指导，让学生从探究中有所收获，在较短的时间内得到最大的收获。

场景一：

通过学生汇报，究竟是入射角等于反射角，还是反射角等于入射角。师生共同得结论，并强调数学上反射角等于入射角，入射角等于反射角都是正确的。但是在物理上是先有入射角，后有反射角，所以只能说反射角等于入射角。教师引导实验反思：其他小组的实验结果是否有不同的，那结果一样，方法不一样。能否汇报一下实验过程。测量时遇到哪些困难，怎样解决的？学生继续汇报实验方案改进、解决困难？学生汇报：法线用量角器90度线代表，运用三线共面知识介绍量角器怎样放。学生汇报：对比自己量角器，发现老师对量角器做了改进，目的选准入射点应该在量角器的圆心处。这样才能读出正确的反射角与入射角的大小……

在场景一中，描述的是这节课的一个交流、评估环节。在学生汇报时花了大量的时间，虽然在交流中发现问题，分析问题、解决问题，让学生体验成功的喜悦。但由于老师给出的问题太散，要求面面俱到，例如学生汇报实验表格数据时，出现角度不等。学生汇报了很多问题，反而冲淡了主题。

规律探究课的课堂效益，取决于老师的教学设计。根据当堂教学内容特点，找到需要侧重的教学内容，分配以足够的教学时间。这就要求，对于其他内容，尽量精简，所以教师在备课时，要充分考虑每个细节，比如每个实验的时间、难易度、是否容易观察等方面。选择价值大、学生能深度体验、易于交流的实验，让学生完成。

探究教学的每一个环节都有探究目标，只有根据目标找到侧重点，可让学生充分体验而不耽误时间。对于各环节中无效问题和无效探究，教师要艺术地处理，让学生感到合情合理，既不打击学生的探究积极性，又让学生从中学会探究。

一节课的时间是宝贵而有限的，如果在一节课中面面俱到，将七个要素都经历一遍，显然不可能深入探究某个问题。如果每节课都这样，将会把科学探究流于形式，对于培养学生科学探究的精神和培养学生的科学探究能力毫无益处。这就违背了新课程改革的初衷。因此，应该根据教学内容的特点，看看教学内容适合培养学生哪方面的能力，来决定本节课着重进行哪些科学探究的要素，从而确定本节课的科学探究的目标，让学生就某些科学探究的要素深入地探究。虽然这节课的科学探究看似不完整，但对于不同的教学内容，就会深入到不同的科学探究要素的学习，经过几个模块的学习，同样可以培养学生完整的科学探究能力。

3. 如何将"诱、思、探、究、用"教学模式融入到规律课教学中①

在上物理规律课时，更多的教师都把规律做成实验演示、实验讲解、结论给出为主的模式，而忽略了以学生为主体，老师为主导的理念，课堂中没有把更多的时间还给学生，学生只是盲目的跟着老师的思路去想、去看，学生可以动手、动脑的部分太少。这对培养学生的物理素养不利。而"诱、思、探、究、用"教学法是在教师的指导下，学生通过猜想、实验来探索物理规律，从而获取新知识、应用新知识的方法。

新课程标准明确指出：教学应以学生为主体，教师为主导。而实际教学中，教师独霸课堂的现象仍然很严重，老师满堂灌，学生被动听，这样的结果是：老师讲得辛苦，学生学得疲劳，教学效果肯定不理想。

场景一：

如在《光的折射》这节课当中，有位老师是这样做的：他先拿出了杯子和筷子，做了一个演示实验，说这就是光的折射现象。然后就介绍什么是光的折射，折射应该满足什么规律。提完问题后，教师马上请学生起来回忆光的反射定律，回忆后进入折射规律的探究。在探究过程中，教师拿出实验器材，开始探究起来，学生在下面观察，请邻近的学生说出规律，最后总结得出规律。

从规律课的实质来说，应该更多的让学生参与课堂，尤其是由实验得结论的课题，更是如此。问题的猜想，实验的实施、评估等，都可以交给

---

① 本课例作者为刘晓勇。

学生去完成。充分考虑学生的体验式学习，只有学生体验了、交流了，才能搞清楚知识的"来龙去脉"，才能掌握知识并能应用知识。

就本节课来说，教师还是注重了探究环节，也局部关注到了学生。老师的做法是做演示实验、学生起来说结论、记结论。学生只是简单的背诵几个结论，没有参与到课堂中，没有体验式的学习，不能使学生全程参与知识的产生、发展、升华的过程，是不可能理解、掌握和应用有关规律的。这对培养学生的思维习惯和学习能力是不利的。

场景二：

在场景一中，那位老师在得出了光的折射规律后，马上就应用。先是给出了一组关于光的折射的图片请学生观察，然后便画出了一条水中的鱼，给学生解释为什么对准看到的鱼却叉不到。学生听起来比较吃力，有的学生不知所云，学生掌握得不好。

规律课的教学应该使知识和技能得到落实，使学生在物理规律的建立过程中得到体验，这样才能形成技能。不少老师认为：规律课中主要是要讲清规律，学生就应该理解和掌握了。但教师的"讲清"并不等于学生知识的形成和掌握。学生对规律的模糊和不掌握的情况是相当普遍的。掌握规律本身就是一个复杂的认知过程，没有认知的过程，是不可能掌握好规律的。同时，学生学习物理规律的障碍还有如学生重机械记忆，而不重规律得来的过程，老师又不重过程，学生当然不会应用规律分析、解决问题，所以才会出现老师讲完了，学生却不知所云的尴尬局面。

规律课应注重以下几个环节：

（1）教师创设情景，提出难度适当的问题，达到"诱"的目的。

（2）引导学生根据各自所学过的知识和生活经验，对以上问题进行合理的猜想，即引导学生进行直觉思维，让全体学生思维开放，使学生达到"思"的目的。

（3）引导学生设计各种实验方案来验证自己的猜想，共同寻找并确定最佳实验方案，进行实验，以达到"探"的目的。

（4）进行分组实验，取得实验数据，并引导学生对实验数据进行分析、综合、判断，从而获得正确的结论，达到"究"的目的。

（5）引导学生思考结论的应用，对实验的改进，对知识的"正迁移"，以达到"用"的目的。

以上几个环节可以简称为"诱、思、探、究、用"教学法，它的特点是：

（1）使学生始终处于物理情景中，始终处于动脑、动手、动嘴当中，始终处于思维活跃中。学生好比是"猎取"知识的猎手。

（2）教师由原来的主体地位变到主导地位，不是"演员"，而是"导演"或"乐队的指挥"，通过"指挥棒"去指挥全班学生"演奏"一曲曲思维的篇章。

教学的本质是要授之以"渔"，而不是"鱼"。规律课的教学是要教给学生探索规律的方法和途径，而不是告知规律。所以在教学中不仅要以教师为主导、学生为主体，更要以活动为载体，调动学生的积极性和参与性。通过学生自主、独立地发现问题、实验探究、操作、调查、信息搜集与处理、表达与交流等探索活动，获得知识技能，发展情感与态度，培养探索精神和创造能力。这样的课才是一堂好的规律课。

应用课教学

曹继松

一、应用课

根据本杰明·布鲁姆对教育认知目标所分成的六大类（识记、领会、应用、分析、综合及评价），应用是指应用信息和规则去解决问题或理解事物的本质。他给出的认知技能列表，是按照从最简单到最复杂的顺序排列的，应用处于识记和领会的后面，因此，我们可以认为应用是以识记和领会作为基础的，应用课就是学生对物理知识进行识记和领会以后用以解决实际问题的教学活动，是概念课、规律课的延伸和升华。初中物理应用主要包括：

（1）应用物理知识解释生活现象。如学习连通器后应用连通器的特征解释生活中的系列问题；学习大气压强后应用大气压解释生活现象等。这类应用一般和物理概念课、规律课结合密切，发生在概念课、规律课的部分时段，在概念、规律的建构完成之后即可发生。

（2）应用物理知识解决生活问题。如学习物态变化后解决如何快速制冷；学习简单机械后解决如何搬运更重的物体等。这类应用是在某一类知识完成后，应用该类别的知识解决生活中的具体问题，这些课题在课本中不一定会出现，但对学生知识的应用有很大的促进作用，教师可以自主地提出研究课题。

（3）应用物理知识进行创新设计。如一些科技作品的制作或对现有生活用品的改进。初中阶段由于知识、时间和制作工具的限制，可能只是提出一些设想，不一定能有具体的作品。

二、初中物理应用课教学的主要作用

1. 激发学生学习物理的兴趣

"从生活走向物理，从物理走向社会"是物理新课程改革的一个基本理念。"从生活走向物理"是对物理概念、规律的建构要求，"从物理走向社会"就是使物理学习走向深入的过程，就是将物理概念、规律用以解决实际问题的过程。在物理教学中教师会引导学生通过解释周围自然现象、生活、生产实践，以及科学技术的实例，使学习内容与现实生活相联系，如学习物态变化时，可以结合雾、露、霜、雪、雨、云的形成；学习电路，可以结合家庭学校照明电路；学习电磁现象，可结合无线电话、可视电话、电视、雷达、光纤通讯等介绍，这些联系不但可以丰富学生知识，开阔学生视野，使他们意识到物理学在现代生活和科技起到的作用，还可以让学生体会到物理就在身边，感受到学有所得、学以致用，从而激发和保持学生学习物理的兴趣。

2. 促进学生有效地掌握知识，理解知识

物理来源于生活，与我们的生活实践联系密切相关，物理概念的形成，规律的建立都是对生产生活实践进行科学抽象而成的。而我国传统教材编写太抽象、与实际联系不紧密；同时由于应试教育的影响，教师不能很好引导学生对知识加以应用，教学内容脱离实际，脱离生活，这就导致很多中学生认为物理非常难学。应用课程虽然是在学生对物理知识进行识记和领会以后进行的，但是一旦学生将抽象的物理知识与生活实际结合，与生产实践联系，使之变成生动活泼的生活现实，必然可以促进学生有效地掌握知识，理解知识。

3. 培养良好的思维习惯，形成初步的科学实践能力和创新能力

将物理知识用以解决实际问题的过程中，必然会存在实验，科技制作、社会调查、社会实践等活动。在这类活动中，学生可以通过思考并应用知识解决一些问题；或者是通过实际的动手操作亲身体验获得感悟，这些活动都会给学生在思想上产生深刻的冲击，引出很多问题和想法。以此类活动为载体，学生的思维能力、科学实践能力和创新能力必然会得以形

成和提高。

三、初中物理应用课的教学原则

1. 理论联系实际的原则

理论联系实际的原则是物理课堂教学原则的基本准则之一，物理学科特点和学生认知规律共同决定了在物理教学过程中需要不断强化理论与实际相联系的教学指导思想。无论是从学生学习知识的角度来看，还是从学生运用知识培养能力角度来看，都要求在物理教学过程中必须切实加强理论联系实际。落实理论联系实际是中学物理教学的重要任务，也符合物理学科自身的特点。从应用课本身来看，就是运用物理知识解决实际问题的教学活动，是物理教学中理论与实际相联系最集中的体现，其实质就是将理论与实际相联系，因此在应用课上坚持理论联系实践意义不言而喻。

2. 与现阶段所学的知识密切相关

在初中、高中、大学，每个阶段都会从力、热、光、电、声五个方面学习物理知识，但由不同阶段学生的学习能力和思维程度的发展不同，知识的难度和深度是不一样的，讲解的内容和现象是不尽相同的，我们在进行理论联系实际的时候，必须要着眼于学生现阶段的知识体系和生活经验。例如光学知识，初中阶段只用知道小孔成像、海市蜃楼等现象；到了高中可以了解光的波粒二象性，研究光电效应等；到了大学就必须掌握偏光、光栅、干涉、衍射等现象，并需要加以解释。如果我们在初中阶段就说到牛顿环的原理肯定是不现实的，而到了大学阶段再去观察树荫下的圆形光斑也是没有必要的。因此，教师在将知识进行应用时一定要从学生本阶段的知识出发，教会学生用所学知识运用于生活实际。

3. 应用的可操作性的原则

初中阶段的学生处于升学阶段，时间有限，如果一个应用课题耽搁了学生太多的时间将是不现实的。同时受学校授课制度的限制，让学生长时间脱离学校进行生产实践也是不可能的。此外，在物理应用的过程中还受学校实验器材的限制。因此，在应用课程中必须处理好如何在有限的时间，规定的地方进行有效合理应用的问题，即应用应具可操作性。

四、典型问题研究案例赏析

1. 如何通过应用知识激发学生的创新精神①

物理新课程标准提出："在义务教育阶段，物理课程的价值主要表现的方面之一就是要培养学生在自己思考的基础上敢于质疑，勇于创新的精神"，在这样的指导思想下，初中物理课堂中出现了很多动手制作小发明、小创造的教学环节，使得物理课堂出现了前所未有的热烈氛围，也大大激发了学生的学习兴趣，提升了学生的学习积极性。许多教师在此教学环节中，仅仅只是让学生模仿别人的设计进行无创新性的制作，而没有做到真正的让学生去思考是否可以应用学过的知识创造出新的成果，或应用成果到一个新的领域去发挥其科学作用，更没有给学生质疑前人成果所存在的缺陷性的权利。

场景一：

请大家观察这是一台简易的蒸汽机（播放多媒体图片），你会制作这样的简易蒸汽机吗？你能说出制作蒸汽机的工作原理吗？

教师让学生仿效图片用给出的器材制作简易蒸汽机（如图）。

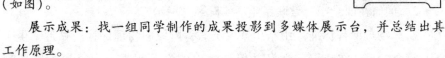

展示成果：找一组同学制作的成果投影到多媒体展示台，并总结出其工作原理。

中学生的好奇心理和创造欲望都应该是相当强烈的，并且他们也具有应用所学过的知识来进行简单创造的能力，教师可以让学生通过阅读教材找到了热机的原理及工作时的能量转化等问题的答案，然后自主地设计方案，进行创作。而上面的场景中，教师完全忠实于教材和教参（教科版），以应试为目的，让动手搞创作变为动手搞仿效制作以服务于对知识点的理解和巩固记忆。这样的设计限制了学生的理解能力和知识迁移能力，剥夺了学生自主思考和解决问题的权利，扼杀了学生自主创新的思想，这应该

---

① 本课例作者为郑添文。

第三章　物理课堂教学典型问题的解决

是值得我们每一个教育者去反思的问题。

本堂课教师的设计根据教参的引导和教材的要求进行，这样的安排完全可以在短时间内帮助学生掌握本节内容所涉及的常考知识点，也符合我们要求高效率提高考生应试能力的需求，但是新课标的教学理念倡导我们在注重培养学科素养能力的同时提升学生的学习成效，上述场景中教师却淡化了培养学生的学科素养能力，将应试变成了教学的主要目的。本堂课学生最感兴趣的应该是如何通过对自己认知的热机原理的理解进行自主的创造，制作出一台自己想象中的热机，然后在应用这台热机来帮助自己解决一些生活中的难题，所以本节课可以在让学生自主学习之后直接安排学生分小组设计并且制作自己心目中的蒸汽机，教师在学生展示了制作成果之后做画龙点睛的点评即可。

在学习的过程中，教师不仅该让学生了解前人的科学成果对人类生活所起到的巨大作用，更应该让学生学习到科学创造的精神，体会应用科学创新增长人类文明的喜悦。因此，教师在进行教学设计时可以引导学生应用知识创新科技成果从而激发学生的求知欲望；鼓励学生敢于质疑，大胆实践自己的想法，充分展示应用科学知识搞发明创造的魅力，真正做到通过应用知识激发学生的创新意识。

2. 如何在课堂中有效联系生活实际[①]

在《物理课程标准》中指出"义务教育阶段的物理课程应贴近学生生活，符合学生认知特点，激发并保持学生的学习兴趣，通过探索物理现象，揭示隐藏其中的物理规律，并将其应用于生产生活实际，培养学生终身的探索乐趣、良好的思维习惯和初步的科学实践能力"。这为我们教师的教学指引了方向。但在实际教学中我们发现，大量老师仅仅把联系生活实际作为公开课的展示项目，还有老师在实际教学中也涉及生活实际应用，但为了完成教学进度一般仅仅停留在"点到"这个层面。我们思考这样的课堂后，学生到底能学到什么？

场景一：

———————————

① 本课例作者为罗成。

教师设问：磁体间的相互作用规律是什么？在生活中有什么应用呢？学生列举。然后这个环节就结束了。

场景二：

某公开课上，老师讲到：学习了杠杆的平衡条件，请同学们把下列杠杆进行分类（多媒体上展示大量杠杆），学生通过小组合作后，成功地将老师列举的杠杆进行了分类。表面看是个非常成功的案例，事实上学生通过本课后确实也能进行杠杆的一些分类。可是涉及生活中具体的杠杆，特别是在生活中应用杠杆，学生却并不会分析应用。

应用于生产生活实际并不仅限于对生活中常见实例的了解，而是要让学生经历、体验生活中的具体情景，这样才能培养学生终身的探索乐趣、良好的思维习惯和初步的科学实践能力。场景一中生活实际应用仅仅局限于学生列举实例，学生课后几乎不会有很大的收获，对磁体间的相互作用规律掌握不到位，如果遇到生活中实际问题，学生课堂上学到的纯知识对生活问题基本没有什么帮助。而且会给学生造成错觉，学习中的生活应用不过是"举例"罢了。对比案例二中老师的处理要比案例一中更好，但学生也仅仅局限于简单的分类，没有展示实物或让学生真实感受不同的杠杆。学生知识能得到很好的"过手"，但是不是就能在生活中切实地应用杠杆来解决问题了呢？在我们的学生中不知道拧螺钉该往什么方向拧的大有人在。如果能展示实物，让学生亲身体验省力费力，并让学生总结三类杠杆的特点，虽然在时间和进度上可能会有所耽搁，但学生对知识的掌握和以后生活的应用会更到位，例如在杠杆学习后组织学生了解大家最常见的自行车上的杠杆，甚至让学生自己动手修理自行车的小问题，这对学生以后的生活肯定有不少的帮助。简单了解生活实例不但不能起到上述效果，反而有可能适得其反。如果仅仅局限于对自行车上的杠杆了解一下，导致的结果是学生遇到一点小问题都只能求助于修车师傅。在我们的高中学生中又有多少人能自己处理自行车上的小毛病呢？

如何在课堂中有效联系生活实际应用？①教师要在教学中帮助学生建立清晰的物理模型。利用新教材中的图片、电视录像再现知识发生发展的变化过程，降低学生学习的难度，充分展示知识发生发展的过程。②老师一定要提供机会让学生真正融入生活情景中，在生活中体验，老师的提问也应生活化，不应过于专业。在课堂中要尽量创造机会让学生亲手操作和亲身体会。教师在实际教学中可以引导学生自己动手解决一些特定的生活情景中的问题来培养学生的动手能力和将知识应用于生活的能力。为了激发学生的兴趣，鉴于学生的实际情况可以开展小组合作的模式进行，重视过程，重视创新。③要让学生了解物理知识于生活实际中的广泛应用情况，了解科技前沿技术，激发学生对应用知识于生活的愿望。④适当地开展课外实践探究活动。如学生完成小制作、小实验、小发明后，教师适当地进行鼓励性评价，树立学生的信心。

随着物理学科的不断发展，物理学科与现实生活、生产、现代科技的联系越来越紧密，注重理论联系实际也就成为中学物理教学的重要任务。从物理学科自身的特点看，物理教师在教学中注重和加强理论联系生活实际，不但有利于提高教学质量，而且具有重大的现实意义，更是真正学好物理，培养学生能力的一条最有效途径。

复习课教学

叶家军

一、复习课

复习，是指通过一定形式的教学活动，帮助学生对知识点、考点、热点进行思考、总结、处理。复习过程，就是对教材进行分析、综合，使知识和技能整合成系统的过程。即复习课不再是简单的有关知识点的再现，而是将一些基本概念、规律等知识进行归纳、总结、提高的过程，不但有助于提高学生的记忆力和思维能力，还可以对所学知识查漏补缺，进一步掌握重点、突破难点。通过复习，既可以弥补和纠正学生认识上的错误与缺陷，而且还使学生对知识的理解更深刻、更全面。从而使学生更具有实际应用的本领，更具有分析问题和解决问题的能力。

二、初中物理复习课教学的主要任务

初中物理复习课教学的主要任务：①帮助学生认识到初学时未曾注意到的知识间的内在联系，使分散的知识系统化形成网络，加深对知识的理解与记忆。②帮助学生进一步巩固和熟练掌握基本技能与技巧。③帮助学生揭示解题规律，总结解题方法，提高运用所学知识分析、解决问题的能力。

三、初中物理复习课的教学原则

初中物理复习课教学是物理学习中的一个重要环节，是学生对整个初中物理知识进行系统全面的认识过程。按照《全日制义务教育物理课程标准（实验稿）》对新时期教育教学的要求，只有很好地抓住这一环节，才能让学生对初中阶段的物理知识有个系统的认识，同时培养学生的分析概括能力、运用知识的能力和终身学习的能力，初中物理复习课教学在整个教学过程中占有重要地位。复习课教学的基本原则应是"温故知新、提高能力"。"温故"是复习课的首要任务，但温故绝不是将所学内容重讲一遍，"温故"的目的是为了"知新"，即将旧知识进行归纳、概括，纳入新的知识框架，构建新的知识网络，将分散的知识系统化。比如能量，学生在刚接触到声就提到声音能传递能量，学到光的时候又提到物体吸收光就是吸收了能量，电学中的能量，力学中的能量，复习的时候就可以把能量作为一条总线进行教学，从而对能量有系统全面的认识。目前，初中物理复习课教学效益还不高，这是因为复习课的教学研究还没有受到足够的重视，教学方法还比较单一。通过调查研究，我们认为，提高复习课教学质量应有两个总体原则：

原则之一：内容设计要"出新"——讲要讲出新水平、新信息；练要练出新题型、新思路。

在复习课的教学设计中，要做到五"清楚"，五"提炼"，才能保证有新意，提高复习效率。五"清楚"是指清楚教材（知识点、重难点、常考点）——对教学的重点、难点"吃"的准；清楚课标（层次要求）——对新课程、新教材把握的准；清楚考纲（考试说明）——教学目标要细化、具体化；清楚学情（学生问题）——对学生的水平、能力看的准；清楚考题（最近几年中考题发展动态）——对中考的动态、趋势瞄得准。五"提炼"是指提炼相似概念、规律、题型异同点——运用比较法进行横向提炼；提炼同一主题的纵向联系及应用性——运用归纳法进行纵向提炼；提炼习题变化的内在联系——以旧带新、链接拓展、串题训练，一题多变；提炼解题的一般方法步骤和解同类题的共同技巧——同类题共同技巧、一道题的扩展点；提炼中考热点信息，归类和回归课堂——关注新题型。重视教学设计中的提炼，这是创新的关键。在复习课中有"出新"，才能吸引学生，取得最大的效益。

原则之二：教学方式要"灵活"——复习课要采用灵活多样的教学方式，激发学生兴趣，让学生像对新知识一样充满热情地投入。

在复习课的教学设计中，要处理好五个"关系"，落实好五项"措施"，才能让课堂活跃，激发学生兴趣。五个"关系"是指教师与学生的关系——在复习时不要以教师的"讲"代替学生的"学"，应把复习的主动权交给学生。知识让学生梳理，建立完整的知识网络。规律让学生寻找，对一般规律性的东西进行概括，提高他们善于抓住事物的本质和规律的能力，使已有的知识更具有普遍性。错误让学生剖析，自我发现、自我剖析错误，并自我纠正错误，这样比正面讲解印象深刻。讲与练的关系——坚持"有讲有练，精讲多练，以练为主"的原则，练的习题要精，练的时间要足，练的方法要活。培优与辅差的关系——重视辅差工作，并进一步培养优生的分析、概括等能力。课本与资料的关系——如果复习抛开课本，在大量复习资料中钻来钻去，其结果是事倍功半，应高度重视课本，让课本的"旧"题"新"做，使学生从不同角度来加深对知识的了解。通法与特技的关系——以通法为主，"通法"是普通意义的方法（常规方法），不仅适用于解某个题，而且适用于解某一类题。着眼于培养学生解决某一类问题的一般方法，对那些带规律性、全局性和运用面广的方法，就应当引导学生深入研究，使学生理解实质，真正掌握。五项"措施"是指教学手段要丰富——实验、多媒体、图片，合理使用直观教具，教师引导要清晰——目标明、问题明、方法明，可采用框架式、枝叶式、由浅入深等方式，教师点拨要深刻——反思勤、归纳勤、总结勤，教学评价要多元——让学生人人享受到成功的激励，学习方式要多样——喜闻乐见，激发兴趣。可采用讨论、合作、练习、实验、看图、探究等方式。

"教无定法，贵在得法"，物理复习课要充分体现"以学生发展为本"的教学理念，不管用什么复习方法都一定要坚持教为主导，学为主体，练为主线，思为核心。教师要适应时代发展，更新教育观念，面向全体学生，关注学生的情感，营造宽松、民主、和谐的教育氛围，培养学生的学习能力，这样的复习教学才是真正有效的。

四、典型问题研究案例赏析

1. 如何创设丰富的复习课教学情景①

目前许多复习课的处理方法往往是把学过知识点快速串一遍，抓住历年考试中的重要考点反复进行相关训练。这样的复习确实迎合了中考的"指挥棒"，但这个期间往往学生很累，最后能够记住的知识实际并不多，

---

① 本课例作者为张晓梅。

有急功近利的意味。如何把复习课上好，这是一个很值得研究的问题。许多老师曾这样感叹：有趣的、新鲜的、幽默的都在上新课时"要"完了，复习课上起来有些枯燥。

场景一：

在《杠杆》复习一课中，教师自己或让学生把学过的杠杆知识点快速串一遍，然后强调力臂的画法：首先确定杠杆的支点，再确定力的作用线。接着让学生做一些力臂画法相关练习。最后复习平衡条件的理解，回忆实验过程以及完成杠杆平衡条件的练习。

复习课是课堂教学中的一种基本类型，是对学生已学过的内容的再学习，通过概括系统的复习可以启发学生对有关学过的物理知识进行回忆、整理和总结，使之不断的深化、条理化和系统化，还可以进一步揭示知识的内在联系，达到温故而知新的目的。在这节课中，由于复习内容对学生来说已失去了新鲜感，不容易引起学生的兴趣，更别说是调动学生的学习积极性了，而老师只是简单地将学的知识重复一遍，缺乏课堂教学情景创设，不能充分发挥学生的主观能动性，使学生兴趣索然。

在复习课上创设一些与教学内容密切相关的学习情景，可以更好地为学生提供良好的暗示与启迪。在情景的创设上，要注意考虑创设的情景类型，把握各类情景创设的作用和特点。例如，导入情景：目的在于激发学生兴趣，自然引入课堂学习。创设递进：注意层次清楚，符合解疑推理的逻辑性。瞬时情景：能有效调动学生的积极性，拓展学生思维，扩大学生思路，促使其能举一反三、触类旁通。强化情景：重在比较物理概念、定理定律、公式的相同点与不同点。在情景的创设上，要从提高学生素质出发，以学生认知水平为线索，由易到难、由简到繁，拓宽知识面，培养学生分析问题和解决问题的能力。依据学生特点，学生是活生生的人，他们以已有的知识为背景参与课堂，使课堂情景极为复杂。教师要根据变化了的情形不断地调整自己的行为，根据自己对课堂各种各样信息的综合把握，即时作出正确的判断，采取得当的措施，应学生而动、应情境而变。创设情景应有利于教师"导"，学生"学"，符合学生认知规律。教师的情景设计，作用是引导学生自己去思考、领悟的过程，追求师生共同探讨、平等对话。课堂教学必须把需要解决的问题巧妙地寓于各种各样符合学生认知规律的情景中，组织起学生的有效思维，在情景中思考，在情景中解决问题，不断提高分析问题和解决问题的能力。注意创设教学情景，把握好活动过程中的操作环节，调动学生的好奇心、趣味性、主体性、创造力，使学生在好奇和疑问中，积极主动地投入，体会物理知识的获得过程，理解物理概念和规律，同时感知物理学习的情感和价值，提高学生的物理思维和物理能力，生成创新精神和创造能力，从而切实提高物理课堂教学的效益。

2. 如何在复习课上调动学生学习的积极性[①]

在复习课的实际教学中，常常出现一堂复习课，教师感觉很满意、认为复习很到位，却激不起学生的共鸣，学生在课堂上不是学习的主体，他们对缺乏创造性的复习感到枯燥乏味，毫无兴趣，根本没有参与到课堂教学中用眼去观察、用心去思考，只是一味的记笔记、做题。这种简单的知识再现、大量的题海战术，不仅加重了学生的负担，还导致了学生厌学情绪的蔓延，其结果反而降低了复习的效率，得不到应有的效果。那么产生这种现象的原因是什么呢？

场景一：

某教师进行八年级《液体压强与浮力》的综合复习。一上课就发给学生一张题单，告知20分钟完成1～15题，待会儿讲。于是学生纷纷埋头苦干，教师或四处巡视，或站着发呆……20分钟后教师让学生停笔，开始在黑板上逐题进行讲解。学生或蹙眉沉思，或一脸茫然，或置之不理，自顾做题……20分钟后，教师只讲到第9题，伴随着下课铃匆忙将剩余题的答案念了一遍，此课结束。

学生喜爱的复习课形式应是多样的，这样才能不断刺激学生，激发起学习的兴趣。同时应以学生的思维训练为重点，通过有效的思维训练来培养学生多方面的能力，起到举一反三的作用。而这节课教师以练代讲，让学生在题海中摸爬滚打，将复习课变成了单调乏味的知识训练课。后面又

---

① 本课例作者为肖薇。

逐题讲解，丝毫不考虑学生的层次、练习完成的情况及需要，学生只是一味的听，没有思考和反思的过程，结果是"教师累够呛，学生急够呛"，既浪费了学习时间，致使课堂效率低下，又没起到复习课巩固提升，训练学生思维的作用。

场景二：

某教师上教科版九年级第一章《分子动理论与内能》的复习课。一上课他就告诉学生，今天我们复习第一章，然后就领着学生从分子动理论的内容、扩散现象的举例、内能的定义等各方面逐一罗列知识，梳理知识，一节课下来老师写了满满一黑板，说得口干舌燥，自认为把这一章的重难点知识都给学生复习了一遍，感觉很好，但反观学生或忙着记笔记，或低头沉思、心不在焉，或漫不经心、无精打采，甚至于说话、睡觉，真正在认真听教师讲解的人只有极个别。

复习课教学的基本原则应是"温故知新、提高能力"。"温故"是复习课的首要任务，目的是为了"知新"，即将旧知识进行归纳、概括、延伸、拓展，将分散的知识系统化，构建新的知识网络，使学生对知识的理解更深刻、更全面。可这节课却是一节低效、收获甚微的复习课，重视基础知识的复习是正确的，但绝不应是简单的罗列知识，将所学的重难点知识再讲一遍。所以对简单的基础知识可采用课前学生自主复习，课中强调或检测的方式进行复习，而将复习的重点放在对重难点知识的复习、总结及延伸拓展上。

复习课难上，究其原因有以下几点：①复习课所涉及的知识内容都是学生学过的，因此学生缺乏新鲜感，没有学习兴趣；②学生的发展参差不齐，基础掌握的情况不同，学习能力（如思维能力、分析能力等）也不同，这些都将导致学生对知识的理解程度和应用知识解决实际问题的能力大不相同；③教师对复习课教法、学法的研究不够深入，教法单一老套，没有创新，讲解内容统一，没有梯度，无法调动起学生学习的主动性。怎样才能让复习课像新课一样，充分调动学生的学习积极性和主动性，在课堂上动起来，应从以下两个方面着手：

（1）复习方式应多样，有吸引力。

教师应改变传统的教师"一言堂"的"填鸭式"教学方式和学生被动接受式的学习方式,努力创设学生自主复习、相互学习的时空,设计各种形式的活动,比如合作式学习、互助式学习、竞赛式学习、操作式学习、专题训练式学习、讲授式学习等,同时一节课不能采用单一的活动形式,而应是多种形式穿插其中,这样才能让学生兴奋起来、主动起来,才能充分调动学生学习的积极性,使其积极参与到学习和实践中去,成为学习的主人,才能激发其内心对知识的求知欲望,产生强烈的学习冲动,才能达到温故知新、温故求新、掌握知识、拓展知识和发展能力的效果。

(2)复习内容应丰富,有层次和深度。

复习课要贯彻"以人为本、因材施教"的原则,切不能只是单纯的罗列知识,把复习课上成知识回忆课,将复习变成了旧知识的重教,或是单纯的习题课,而应从所教学生的实际出发,本着"立足中等生,提高优等生,扶持学困生"的原则来设计复习内容。一方面要有基础知识、基本技能、基本方法的复习,使中等生及学困生能学有所得,加深对基础知识、基本题型的理解和掌握;另一方面又要对所学知识进行延伸和拓展,特别要重视相互知识间的联系和升华,方法、技巧的归纳和总结,这样才能避免优等生上复习课无所事事,有助于其掌握知识的内在联系,系统地巩固知识并提升其能力。同时要注意把理论知识与实际应用紧密结合起来,引导学生运用所学的物理知识去解释物理现象、解决实际问题,尤其是日常生活中的一些实际问题,从而激发学生的学习兴趣,提高复习效益。最后,在复习课内容设置上应分层次、有梯度,螺旋式递进,这样才符合学生的认知规律,有助于学生掌握复习内容。

"教是为了不教,学是为了会学",变"学会"为"会学",是教学观念的一种根本转变。教学的根本任务并非单纯地让学生学会某些知识,还要学会学习的方法和思考的方法。所以复习课应以学生的思维训练为重点,注重思路、方法和技巧的指导,并通过一题多解、一题多变、错题再现等形式加以巩固和强化。而思维训练是否有效,取决于教学过程是否有明确的目标指向,问题的设计是否具有较强的针对性和挑战性等,所以教师在备课时应充分考虑所教学生的实际水平,精心设计例题、编排练习,做到精讲精练，巩固升华。

　　复习是帮助学生巩固知识、提高升华的重要方法，所以教学中不仅要体现教师为主导、学生为主体的教—学关系，而且还应通过各种方式，最大限度地调动、发挥学生的内在因素和他们的积极性，让复习课生动起来，使复习课变成学生喜爱、愿意积极参与并有所得、有所获的真正意义上的好课。

第四章 新课程背景下的教学反思

　　新课程教学呼唤教师从单纯的知识传递者走向研究者、反思者，也就要求新时期的教师不仅专业学识要较为丰富，而且还善于对教学问题进行研究和反思。物理教学反思对物理教师的成长作用是显而易见的，是物理教师实现自我发展有效途径，也是提高物理教学质量的新的尝试，更会促使物理教师成长为新时期的研究型、复合型、学者型教师。本章精选了一些教学反思案例，这些案例不仅有对物理教学理念的反思、对教学方法的反思，还有对教学过程、教学技能等的反思，相信能给广大物理教师一些启发。

《探究摩擦力的大小与什么有关》教学反思

冯了了

纵观整堂《探究摩擦力的大小与什么有关》这节课，尝试性地引入了一些新教法，以促进师生之间的互动，并注重教学过程中对学生思维的启发，可以引导学生的积极思考，活跃课堂气氛。

一、教学前反思

本节课是节新授课，要求按新课程标准的教育理念来进行准备。在准备时，首先明确了该节课的主要任务是让学生通过自己的探究发现摩擦力与什么有关，并设计好了实施方案。第一步进行知识的基础铺垫，第二步进行活动探究得结论，第三步知识的实际应用。这样设计基本满足了学生的需要和接受水平，教学工作有层次、有递进的一步步展开。并且在课前教师已准备在教学中进行一系列新教学观念尝试性的实施，尽量地去解决一些问题，这些问题有：如何在课堂教学中建立互动的师生关系；通过学生的探究活动，引导学生的多样化的学习方式；在教学中，有意识地加强书本知识与生活世界的相互联系。

二、教学中反思

1. 针对在课堂教学中应建立互动的师生关系这一问题，要努力改变以前的单纯是教师唱"独角戏"这一老式课堂模式，通过师生间以问题为载体的对话方式，使每个人的经验在一定程度上进行了改组和改造，每个人也能从不同程度的获得新意义的生成与创造。课堂实践反映出教师的初衷基本上达到，学生在交流中得到发展，最终师生能通过交流对所学的东西达成共识。

课堂教学中反映出，如果教师在师生互动过程中显得比较急躁，内心迫切地想让学生认识或明白到一些东西，则由此将派生出交往中欠缺一些倾听的耐心，发现学生的表述有不当之处，立即就接过话题。这样做，实际上在一定程度上堵塞了学生的自我思维，类似问题在以后的教学中应尽量避免。

2. 针对要引导学生的多样化的学习方式这一问题，本节课上完成的较为满意，学生主动参与、探究发现、交流合作的学习方式在这节课上都较好的得以体现，在上课时注重学生的经验与学习兴趣，改变以往课程实施过程中过分依赖教材，过于强调接受学习、死记硬背、机械训练的问题。使学生成为学习的主人，使学生的主体意识，能动性和创造性不断得以发展，从而更好的培养学生的创新精神和实践能力。第斯多惠说过"不好的教师奉送真理，好的教师教人发现真理"，多样化的学习方式能唤起探索与创造的欢乐，激发认识兴趣和学习动机，更重要的是通过学生的参与能教会他们如何学习。

3. 我们常说理论要联系实际，而事实上以往的课堂教学中，理论与实际往往联系不够紧密。所以，在这节课上，教师加强了书本知识与生活实际的相互联系，多媒体课件中展示了生活中大量的常见的物理现象，与书本上摩擦力的知识相配合，使教学内容很贴近学生的经验，从而使教学的有效度大大提高。比如，在讲解摩擦现象分类前播放了四个短片，分别是学生在冰面上滑倒，马在冰面上滑倒，同学推着自行车前进，推车车不动。学生对这些生活现象进行比较，很快就发现了摩擦现象的类别。

总的来说，通过教学反思，收获颇多，认识到了自己课堂教学中的优势，但同时也意识到了自己的不足，教学反思的过程，是教师借助行动研究，不断探讨与解决教学目的、教学工具和自身方面的问题，不断提升教学实践的合理性，不断提高教学效益和教科研能力，促进教师的专业化进程的过程。也是作为一位年轻老师直接探究和解决教学中的实际问题，不断追求教学实践合理性，全面发展的过程。

在以后的教学里，教师要注意提高教学反思能力，这样会提高对教学进行积极、主动地计划、检查、评价、反馈、控制和调节的能力，并更好地促使学生学会如何学习。

《合理利用机械能》教学反思

蔡宗全

上完这节课后，如果教师一直都在思考一个问题："为什么在这节课中，学生的智慧与激情都没有得到应有的发挥呢？"给人感觉，课堂气氛不是很活跃，那么是什么原因造成这种状况的呢？除了这节课学生已经上过之外，还有没有其他原因呢？通过一段时间的思考和查阅了相关资料过后，将发现一些问题——学生的学习动机。

影响学生学习的主要动机是——成就动机。成就动机是人类特有的动机，人类社会的发展，科学创造发明都与成就动机有密切的关系，成就动机是指一个人对自己认为重要的有价值的工作乐意去做，而竭力达到成功的一种内在推动力量，学生的成就动机愈强，学习效率就高，成绩越好，这是因为成就动机具有促进学生积极进取，对学习任务感兴趣，对完成任务是充满信心，以及力求获得优异成绩等作用。

成就动机的内驱力是认知的内驱力，当个体遇到新异的刺激时，会表现出注意、求知，继而引起探究操作行为，通常把产生这种倾向和探究行为的内在力量称为好奇内驱力，然而这节课上的内容《合理利用机械能》，用的是初三学生，他们对这部分知识已经学过，并且是刚学过不久，所以学生就缺乏这种认知的内驱力，学生得不到新异的刺激，从而导致学生在课堂上的激情得不到应有的发挥，所以老师在提出问题的时候，学生没有多少反应，因为学生对老师提出的问题已经懂了，在学生心中就不会产生太强的求知欲，学生就不会对老师提出为什么的时候，加以讨论。当这节课要结束的时候，老师所展示的题目比较新颖，学生的求知欲望来了，兴趣高了，这个时候就激发了学生的认识内驱力，从而对学生的学习具有推动作用，课堂氛围也就活跃出来了。

另外会思考的一个问题是："如果以后我们必须用初三的学生上初二

的内容我们应该如何做?"答案是:最好上复习课。为什么呢? 因为有复习课上可以激发学生自我提高的内驱力,自我提高内驱力的实质是一种为自尊而奋斗的竞争力量,这是因为每个人或多或少都有超过别人的愿望,总想比自己的对手干得更出色些,在大多数情况下,有竞赛的学习比无竞赛的学习效率高,所以在上这种复习课时,老师可以开展适当的竞赛活动来激发自我提高内驱力的有效方法。同时老师在确定教学要求和内容范围内创设有一定失败威胁的情境,从而诱发学生学习动机,来提高学生的学习效率。

第四章 新课程背景下的教学反思

《功率》教学反思

杨树林

本节课是按照新课标的理念指导教学设计的。尤其以"探索——研究",培养学生创新精神与实践能力为出发点,以培养学生科学态度、科学道德、社会责任心和使命感,以及学会分享与合作为目标。教师以创设一定的问题情景,做好背景知识的铺垫,调动学生原有的知识和经验,诱发学生探究的动机,确定研究范围和题目,充分体现教师角色的转换。而学生在教师的研究题目的基础上,以浓厚兴趣建立研究小组,共同探讨和确定具体方案、合适的研究方法,如何搜集可能获取的信息,及如何分析数据信息。

在实验过程中,学生还要确定研究问题是否合适,是否需要改进和改变,充分体现一种现代的构件主义学习方式。在评价中,强调以人为本,促进个体的健康和谐发展,忽视对基础知识和解题技巧的过分侧重,体现评价方式多样化,评价主体多元化,建立一种和谐的师生关系。在此基础上,本节课能比较成功地体现上述研究思想,改变传统的教学方式和学生学习的方式。但教师的引导还可更有层次性和逻辑性,评价还有待加强艺术性和激励性。实验前的指导还不够,还可以更加具体化地对目的和过程操作中的注意事项给予提醒。对误差的分析是学生尊重客观事实的态度,还有待加强突出。把问题交给学生去分析讨论时,由于有抢答题的时间限制和难度因素,应该在控制这两个因素方面注重对全体学生思维的培养。

通过本次赛课,吸取了很多宝贵经验,教无定法,还有待长期的学习和探索。同时还发现以下问题:

一、改革需要高素质的教师

新的教材的探究教学,教师必须在理解之后去设计探究过程。因此对教师不但要有驾驭教学的能力，而且对现代信息、组织课堂等方面要求更高。面对当前的"课改"，教师必须提高个人素质。所以做好培训和继续教育显得格外重要。

二、课堂教学活动时间不够用

新教材与传统教材相比，内容并未减少。进行课堂探究，学生的活动占用的课时又很多，因此显得课时不够用。

三、教师课前准备教学仪器费时费力

探究教学给予我们很大的空间，根据新的教学理念要贴近生活，探究的实验器材大部分选用生活中的用品。教师在准备过程中要耗费大量的时间，如果每节课都要准备充分、进行得顺利，在时间上就是个难度。

四、怎样进行教学评价

这一问题是所有参加实验的学校领导和任课教师共同担心的大问题，因为评价是检验教学成果的"指挥棒"。

面对新教材和学生对教育教学改革的热切企盼，是与时俱进、迅速更新我们的教育理念，尽快改变传统的思维方式和程式化的教学模式，还是以不变应万变，用"旧瓶装新酒"，让新教材反过来适应我们业已形成的相对滞后的教育理念和教学方法，用自己固守的传统来诠释新教材中的新观点？毋庸置疑，我们需要的是前者。因为这是时代发展对教师工作提出的必然要求。在新的世纪，更加重视人的潜能开发，重视创新意识的培养，重视科学和人文素养的塑造，重视人生观、价值观的提升以及实践能力的提高等，是历史赋予我们这一代教师的神圣使命。教师作为新教材的实践者，只有具备与之相适应的新观念，准确地理解和把握新教材的宗旨，领会新教材的编写意图，才能使自己在教育教学的实践中做到有的放矢。

《探究"凸透镜成像规律"实验》教学反思

刘意蓉

"探究凸透镜成像规律"的实验是八年级上学期物理光学部分的重要实验，也是八年级上期物理教学中的一个难点，它融知识性、趣味性、规律性于一体，是培养学生观察能力、动手能力、交流与合作能力的典型课例。这里，结合教学实践对教学设计中的主要环节做如下反思。

反思新课导入和设计新课导入，不仅能为学生搭建一个学习新知识的平台，而且能让学生尽快进入角色，开始新课学习。

在导入新课时，先安排三个活动：首先引导学生利用凸透镜将窗外景物的像呈现在白纸上，让学生从中感悟到凸透镜能成像，并提出成像规律的猜想，由此培养他们的探究欲望。其次让三位同学上台分别拿着点燃的蜡烛、凸透镜，光屏和光具座演示将烛焰的像成在光屏上。其目的是让学生明确凸透镜既能成放大的像，也能成缩小的像；当蜡烛到凸透镜的距离改变了，像也会发生变化。从而得出凸透镜成像和物距像距有关的结论。亲自动手实验可以让学生知道为使像清晰地成在光屏中央，凸透镜一定要放在蜡烛和光屏之间，并且烛焰中心、凸透镜光心和光屏中心也应在同一条直线上。然后保持三者位置不变，让学生换用大小相同、焦距不同的凸透镜重做上面的实验，让他们分析光屏上原本清晰的像变模糊的原因。

通过以上活动，学生会感悟出凸透镜成像是有规律的，物距和焦距的变化都会影响到成像。接下来通过让学生回忆平面镜成像的特点，启发他们探究凸透镜成像特点应主要关注像的大小、虚实、正倒及其所对应的物距和像距。实践证明，这种导入方法层次清楚，目的明确，符合学生的认知规律，从而为进一步探究凸透镜成像规律奠定了坚实的基础。反思实验设计实验设计是探究过程中的重头戏，学生明确设计意图和操作方法对完成探究活动将起到举足轻重的作用。

在进入这一环节时，首先讲述：刚才三位同学在演示凸透镜成像时发现：只有烛焰中心、凸透镜光心和光屏中心三者在同一直线上时才能成像，为了便于调节和测出物距、像距，我们应该把三者固定在光具座上。接着，组织学生思考：

（1）既然大家猜想凸透镜成像与物距和焦距有关，如果我们现在只探究物距的变化对像的影响，应采取什么研究方法？（控制变量法，即保持焦距不变，使用焦距已知的同一规格的凸透镜完成实验。）

（2）实验过程中观察对象有哪些？要记录哪些物理量？应如何设计表格？在具体操作上考虑到时间较紧，可将任务分解，让一部分组做成放大实像的实验，其余组做成缩小实像的实验，每组实验进行三次。

为了顺利地找到规律，一些要点事先要提醒学生注意：每次移动蜡烛时最好按由远及近的顺序进行，确保物距变化的连续性；比较物与像的大小时，视觉冲突一定要大，为此，每次改变物距的幅度不能太小；观察像时一定要找准位置，因为当蜡烛移动时，光屏稍稍动一下甚至不动，屏上也会有烛焰的像，但不是最清晰的。这时应尝试左右移动光屏，当看到的像最亮、最清晰时方可记下有效像距。

反思规律的形成、寻找规律是探究过程的最后一个环节，主要是对记录的数据进行分析、论证，形成结论。学生通过交流、对比，将会出现凡是得到缩小实像的组，物距都在 2 倍焦距以外，而像距都在 1 倍焦距和 2 倍焦距之间。他们会领悟到当物距 u 满足 $>2f$ 时才能成缩小的像，且像距都满足 $f<v<2f$；同样，展示也会让学生领悟出，当物距 u 满足 $f<u<2f$ 时才能成放大的像，像距都满足 $v>2f$。

其次，引导学生回忆在探究过程中是否发现光屏上有得不到像的情况，发生这种情况时蜡烛又放在何处。在思考片刻之后，让他们利用光具座重新体验，指导他们从光屏一侧看凸透镜，并描述像的特点。由此让学生掌握凸透镜成虚像的特点和成虚像的条件，并将其同前面两种情况作比较。

再次，引导学生分析蜡烛放在 f 点及 $2f$ 点的成像特点。让学生从分析蜡烛在 f 点的左侧成实像，在右侧成虚像的现象中领悟到蜡烛放在焦点处是不成像的；从分析蜡烛在 $2f$ 点的左侧成缩小的实像，在右侧成放大的实像的现象中领悟到蜡烛放在 $2f$ 处成等大的像。因为实验时是无法将蜡烛放在某一点上的，而利用这种推理方法可以较好地解决这一难题。这样，凸透镜成像规律逐渐浮出水面。接着，继续针对一些细节问题组织学生讨论，帮助他们进一步理解和记忆。如在探究过程中，当物距变化时，光屏上像的大小及像距如何变化？由此让学生领悟到当物距增大时，像和像距都变小，反之都变大，体现了物与像运动方向的一致性。又如，在像的正倒方面，通过组织学生分析，可以总结出凡是实像都是倒立的，凡是虚像都是正立的……最终概括成顺口溜：焦点内外分虚实，2 倍焦距分大小；实像分居两侧倒，虚像同居一侧正；物近像远像越大，物远像近像越小。

至此，关于凸透镜成像规律，从新课导入到规律的形成都体现了以学生为主，强调了实践活动，突出了探究过程。通过运用观察、实验、分析、比较、推理等方法教学，集中体现了对学生综合素质的培养，较好地贯彻了新课改理念，实现了教学目标。

《光的反射》教学反思

曾伟宏

一、教学设计反思

本节课从学生实际问题出发，先猜想，精心设计了两个教师演示实验和一个学生探究实验，然后运用"观察实验法"等物理学常用的方法，总结概括出光的反射规律。教学探究过程中引导学生体会"空间——平面——角度"的研究顺序和研究方法。这种教学设计可以在探索过程中让学生不仅学到了知识，更重要的是获得了方法和过程的体验。

本节课之所以设计用建立模型法来表达猜想，主要是因为学生对光的反射现象都比较熟悉，但不容易用语言表达清楚。在建立模型的进行猜想的基础上通过观察教师"烟雾箱"演示实验，并借鉴数学上引辅助线的方法引出物理学中的法线，从而将反射光线和入射光线所在的平面空间位置关系确定下来，得出三线共面。本设计优点在于有利于学生对三线在空间的位置关系形成深刻印象。

二、教学过程反思

本节课教学过程主要是突出对学生进行思维训练。例如通过转动烟雾箱，让学生观察实验现象，看到"三线重合"，通过实验得出"三线共面"结论，对"三线共面"有深切体验，化抽象为直观，突破认识难点。当然，由于本节课学生思维难度较大，教师在教学过程中可以根据学生实际情况做恰当的引导。

另外，学生在完成探究反射角与入射角的关系实验后，通过对实验过程进行反思，发现错误和疏漏，鼓励学生尝试对实验方案进行改进，反思探究过程中的经验与体会，使学生的收获不局限在实验结果的获得，更有来自探究过程中的体验和能力提高，培养学生的创新意识。在学习过程中体会探究性学习思路和科学研究方法的运用。

本节课通过使用多媒体教学手段，增加学生的直观感觉，调动学生学习的积极性。通过向学生提供课外自主研究的"人造月亮"、"光污染"网址和信息等，使学生学有余趣。

三、教学效果反思

在知识巩固与扩展环节，课后想想议议、做做想想学生完成效果不错，说明基础知识基本掌握。另外学生对课堂知识、能力方面进行小结，踊跃交流学习体会，教师可以发现本节课教师通过科学探究，学生不仅在实验中的观察、体验获得实验结论，还可以在实验中让学生动手动脑，培养学生观察实验能力、分析概括的能力、合作学习的能力和语言表达能力。

《平面镜成像实验》教学反思

付丽端

科学的本质是"探究",而随堂实验正是培养具有"探究"精神的新一代的人,俗话说:"有能力的人不一定做题多,做题多的人不一定有能力。"

没有实验的物理课题是不可想象的,在平常的物理教学中,要尽量做到回归物理是一门以"实验为基础"的科学这个命题,纠正"墨板上开机器"、"多媒体上做实验"的错误倾向,还物理科学以本来面目。

学生来到学校,只接受知识是不够的,"启智"更为重要!要让学生具有终身学习的能力、接受信息的能力、分析信息的能力,而"随堂实验"所具有的随堂性、主体性、广泛性、启发性、开放性、参与性,让学生学会自己去学习,一生受用。

在《平面镜成像实验》这一堂随堂实验课中,可感悟出:原来的课堂模式是以老师的有局限的演示和抽象推理讲解为主,学生往往死记结论生搬硬套,由于实验可见度差,学生兴趣索然,枯燥无味,结论的得出可信度也差,而现在,课堂是以学生为主,全面动手,学生始终作为思维的主体,积极活泼,兴趣盎然,在平面镜成像实验中,闪烁的烛光,像在玻璃板后面位置的变化,像的个数变化,如何去寻找像的位置,这一切都给了他们极大的探索热情,给了他们以行动空间。从心理上讲,学生得到了极大的尊重与满足,在这些处于青春期好动好想的孩子们身上,潜能得到了极大的释放,孩子们得到了美的享受与快感,感觉他们是自信的,有能力做好一切的。如照旧的教学模式,学生坐在那里,等待老师有局限的演示及很抽象的讲解加之非常有限的共鸣,气氛不会如此活跃。

原来是由老师作知识讲解,学生照书上标准答案作机械回答,众人一口,现在是多种看法多种思维在这里发生碰撞,有发现,有探索,有正

137

确，有错误……争论热烈。

原来是压抑了孩子的创造欲，没有给他们的时间和空间，现在则是激发了孩子们的想象天地与创造欲，满足了他们观察世界、了解世界、发现世界的乐趣。

过去老师与学生处于矛盾的对立面，把知识冷冰冰地不由分说地强加给学生，把学生当成是容器，而现在这样一个教学模式则把老师与学生处于一个共同的主体，一起来重温科学家探索世界的过程，一起来体会科学的思想方法，一起来分享发现世界与探索世界的乐趣，在无形之中把认识世界的钥匙交给学生。

在随堂实验中，对于学生要尽量少一些框框条条的约束，没有清规戒律尽由他们去组合，去变化，去观察，如像的个数变化随镜面夹角的变化规律倒影的形成，让他们由此联想到万花筒，联想到两面镜子对照时无数个像的形成，发散性思维由此形成，各种有声有色的，有血有肉的，实实在在的客观物体在他们手中任意触摸和摆弄，是那样鲜活、有生命力，甚过空洞的说教与理论（因为这不符合他们的年龄特征）。这对于改变现在的应试教育，将人性从应试的题海战术中解放出来，回复求知的本来快乐，无疑是成功的。

从参与性来讲，最差的学生都人人参与，人格受到尊重。过去差的学生不易被抽问，注意力不集中，现在他们也全身心参与，感受求知的快乐。女生普遍学习物理较困难，是因为感觉物理较抽象，现在开展了随堂实验，女生也普遍参与，动手能力增强，而由自己亲自得出的实验结果印象深刻。

在随堂实验中，很自然、很具象地达到知识目标，而不是很抽象地由老师强加给学生，以学生实验代替老师分析，以启发提问代替教师讲解，以学生回答代替老师归纳，随着老师的提问，实验探索逐层推进，引入思考归纳，层层深入，感性与理性的交替，以及师生之间的互动，使师生共同将重心放在追求过程之中，知道了知识的来龙去脉，而不仅仅是像过去那样追求结论，死记结论。通过这个过程给学生以科学思维方法的引导，这样知识的建立非常牢固，而且能经得起灵活迁移运用。

多向思维的体现在当老师引导学生逐一归纳时，答案不止一个，谁最正确？引起反思，讨论热烈，如测距离从哪一点开始测？如找像的位置怎样找？像的大小如何判断？各抒己见。

老师引导提问应有悬念，而不是强加结论，如平面镜成像中蜡烛放在什么位置？从哪一面观察像？用什么充当像？为什么两支蜡烛要一样？怎样量距离？怎样改变蜡烛或玻璃的位置？物距、像距是指哪一段？老师的提问关键在于引起学生思考，答错了没关系，允许学生犯错误，如平面镜成像中，有的学生两边蜡烛都点燃了，有的学生不知从哪边观察，反而从未点燃的蜡烛那边往点燃的蜡烛这边看，在实验过程中充分地给予学生自由度，允许质疑，鼓励学生建立批判性思维。有的实验甚至不需要老师先示范，放给学生一个大的框架，让他们自己去碰，互相去争论，最后通过讨论归纳出正确的答案。

通过观察，学生的认知心理非常乐于从感性出发，渴望做实验是他们的强烈愿望，98%的孩子都在统计表上填上了他们的愿望，而且事实证明，70%的学生动手能力非常强，效果也好，往往比预定的时间早得多结束，合作精神也非常好，融洽了同学之间的关系，也面向全体，使学生在动手、动脑、动口等多种能力方面得到了发展。

通过这次实验探索，可感觉到是回归自然，又将学生引回到那生活中无边无际的海洋，从抽象的理性桎梏中解脱出来，让学生的思维变得更有灵性与张力，从"本质"上找回了学习的意义，为真正塑造有"创造性"的人才打下了基础。

第四章 新课程背景下的教学反思

《电路和电路图》教学反思

杨广冀

初中物理第四章第五节《电路和电路图》一课的教学，是学习电学的基础，是掌握电学知识的关键。搞好这个课题的教学，不仅为后几章的学习辅平了道路，又为提高学生学习兴趣、培养观察实验能力、锻炼动手能力、培养分析问题和解决问题的能力奠定了基础。教学中如何创造条件引导学生把教材上的知识，转化为学生的真知，其施教关键在于使学生开窍。

一、初讲时严格要求，培养初步能力

课堂 45 分钟，要运用多种教学手段，使学生明确电路的基本知识，①知道电路组成的四大部件：电源、用电器、开关、导线。知道缺少任何一部分，电路都不会处于正常的工作状态，并明确各元件在电路中的作用。②知道电路三种状态：通路、开路、短路，及短路引起的危害。③记住常用电路元件规定符号，拿出实物请学生辨认元件，画出规定符号，再按教材 P52 图 4 - 16 甲连接一简单的电路，教师示范画出电路图。变换元件位置，请几个学生在黑板上，其余学生在本子上共同练习画图，教师巡视、指导、纠正错误。最后小结画电路图应注意的问题：元件位置要安排适当，分布要均匀，元件不要画在拐角处；整个电路图最好呈长方形，有棱有角，导线横平竖直；导线与元件间及拐角处不要留空隙等。严格要求学生掌握好画简单电路图的方法，培养初步动手能力。

二、后续扩展不间断

电路和电路图的教学，仅靠一节课远远不够，那样只能触及皮毛，不能转化学生的真知，需靠后续课程的知识讲解不断加深、扩展，方能逐步完善。在讲第六课、第七课串联电路和并联电路及实验时，既要教好各课应掌握的知识点，又要注意应用上节课的知识，继续巩固完善电路和电路图知识，除画好串、并联电路图外，还要求学生按电流路径把元件连接起来，据电流路径识图、画图，据图连实物，据实物画电路图。突破读、认、画图难点。

三、接触实际、联系生活，设置物理情景，激发学习兴趣

习题课上还应指出实际中常见的（或接触到的）电路图，复杂多变。如要辨清串、并联关系，可将元件编号，对流入流出点注上字母，重新排布改画成易看易懂的规范图形，即用等效研究思路，画出等效电路图。

教师设疑，启发思维，学生观察现象，惊诧不已，"为什么"油然而生，问声不断，激起学生的直接情趣，这时要不失时机地转向间接情趣，即引起认识事物内部规律的情趣，使兴趣不断深化。

第四章　新课程背景下的教学反思

第五章　优秀物理教学随笔

　　如何才能把新课程标准的理念逐步渗透到日常的教学工作中呢？在教学中，几乎每一位教师都有这方面的心得和体会。本章中我们精选了一线教师在新课改背景下的教学随笔，记录了他们的教学得失、教学机智、教育偶得、教学感悟，等等。新课程改革，对教师提出了多样的、实质性的要求，这些要求不可能一下做到，但边做边思，边思边写，边写边做，螺旋前进，每个老师肯定会把新课程的要求转化为自己的本领。

我的教育一绝——表扬

陈泓

在教育中，我们都要用到一种"灵丹妙药"——"表扬"。表扬孩子赏识孩子，这个观念在时下是很流行的，我也赞成。综观成人世界，没有赏识就没有交流，我们不会对自己没兴趣的人事耗时耗力。换了孩子的世界，可能更需要。孩子们拒绝刺耳的批评，但还没有哪个小家伙会反感真诚的夸奖。

睁大双眼去发现孩子的优点。试着列举孩子十项优点，说不定你会像爱迪生的母亲一样伟大，会用一双慧眼去看待他可爱的"愚蠢"，会用温暖的怀抱接纳他智慧的调皮。

留心孩子的努力，为达到激励的目的，真正做到夸具体、夸努力，我们首先要了解孩子努力做事的整个过程。当你在总结成绩的时候，不妨详详细细把自己的所见所闻描述出来，让他知道你时刻在关注他。如果你没有亲眼见到孩子的努力，你可以用提问的方式让孩子自己说出努力的过程，不失时机地加以点评，同样可以给孩子一个有益的赞美。

表扬别嫌啰唆、喋喋不休。所谓好话不嫌多，用更多的话语描述孩子的努力，引起孩子的共鸣，夸奖的目的也就达到了。

表扬不一定只能用在事后，也能在事前达到使孩子进步的目的。有时候在预见孩子有可能对什么事情有抵触，我们不妨在事前夸夸孩子，也会收到很大的收获。也可以说是用表扬先来打打预防针，能收到意想不到的疗效。

表扬不是一味地迁就和包容孩子，还要学会巧妙地指出缺点，期待完善。孩子有犯错的权利，同时也要有自我改正的智力和勇气。

让我们做时刻欣赏孩子的老师吧！

第五章　优秀物理教学随笔

让学生也来尝试研究

周马健

随着新课改的呼声日益深入人心和新教材教学的实施，我和其他老师一样也试着把新教材的理念逐步渗透到日常的教学工作中。在快两个月的新教材教学中，有问题，有想法，也有尝试。

新教材除了在讲述物理知识的同时，还补充了一些科学技术前沿的研究成果，诸如：纳米材料，绿色能源等。这些成果的背后蕴藏着丰富的高等物理知识；有些知识是我们物理教师都很少涉猎的。当学生提及询问时，我们常会感到"理屈词穷"。这使我颇感尴尬。所以我们还不得不花大量的时间去"博览群书"，"网上扬帆"。举个例子：有个学生向我询问磁悬浮列车是如何工作的。我回答说：磁悬浮列车是靠电磁力把车身托起减小了摩擦，所以行驶很快；然而这个学生并不满足，又问：磁悬浮列车是靠什么提供动力的呢？磁悬浮列车既不像火车头顶有两条电线，有不像汽车有排气管（内燃机）。我的答案仍然是电磁力。至于具体的工作原理我就没法深谈了。知识的"捉襟见肘"颇为尴尬。利用业余时间，我在网上查询了磁悬浮列车的工作原理，过程之漫长简直有点难以想象。从磁悬浮列车到超导磁悬浮，从低温超导磁悬浮到高温超导磁悬浮；从磁悬浮列车到电磁力，从直线电机到电机控制基础……这种"链式反应"差点让我忘了睡觉，是什么魔力驱使我花一个晚上的时间去查资料呢？回想一下这不正是一个探究问题的过程吗？在无形中就使我获得了一连串的知识，这种"链式反应"可以说只需要几条就可以网罗大部分物理知识。

同时，在新教材的教学中我发现，要学的知识太多，时间非常紧张。对于教材上的扩展知识，老师要在课堂上解决是不太现实的。因为时间有限，知识结构有限，而初中的教学重点仍是基础。不如让学生在课外自己通过各种信息途径自主探索学习，这样既满足了学生地好奇心，又极大地丰富了学生的知识面，还培养了学生的自学能力，体现新课标的精神；学习在课外，老师也倍感轻松。最后请学生把探索的过程和结果以报告的形式交上来，选几篇较好的贴在教室里供同学分享，就达到了教学目的，教师只起到引导和监督的作用。

记得有一个知名的教授讲过，国外很多大学的研究生学习通常采用这种方式。导师首先定一个课题，推荐一大堆参考书；然后让学生自学搞课题，最后把课题论文交上来，合格后就算毕业了。因为要解决这个课题就必须需要一些新知识，这些知识就在参考书中。而参考书中又要涉及一些预备知识，预备知识又蕴藏在另一本书中，反复下来才能解决问题。最终把问题搞清楚了，参考书也几乎看得差不多了。而这些参考书就是专业课，多明智。我们的教学为何不能在初中搞点"研究"呢？

第五章 优秀物理教学随笔

种豆得瓜

唐光秀

尘封已久的欲望一旦被打开，就有意想不到的收获。

一个劲儿的推辞，无果。无奈，只好赶着鸭子上架吧。谁都知道，新课程的改革是大势所趋，但在目前评价标准不变的情况下，谁也不会轻易地把自己的学生作为实验品。

课外研究性学习？得花多少精力，得花多少课外时间，学生愿意吗？课内的研究性学习都还有很多问题期待解决，课外独立的研究，学生能行吗？学生的学习如此紧张，能获得家长的理解、学校的支持吗？

忧虑重重，压力重重，计划就在忧虑和压力下实施了。

初三的学生还有三四个月就要中考了，还是找初二的学生吧。刚把意图向班主任老师说明，立刻遭到否决："不行，学习耽误了怎么办？"还没有迈出第一步，就被当头棒喝，算了，我也想撒手不干了。

转念一想，我不是也在担心同样的问题吗？轻言放弃也不是我的风格。先找自己教的学生听听他们有什么想法。

"初三学习时间很紧张，如果搞一次关于课外内容的研究，要你牺牲一些休息时间，你愿意吗？"话音刚落，教室里立即像沸腾的水，闹腾开了："我恐怕研究不来。""不要布置家庭作业。""我们有什么好处？"

"愿意的请举手。""我要参加。"好几个同学举手了。我一看大多是平时学习成绩不太好的学生。很多同学还在左看右看。"张晶、钱亮，你们不想丰富自己的知识面吗？""老师，这个，嗯……"犹豫着举起了手。大概是慑于我平时的权威吧，我有点失望。在我的注视下，又有一些同学举手了。

接下来，我开始布置任务：回家要观察什么，发现什么问题，在哪些地方可能找到解决问题的资料，还要记住把你的研究记录下来。

我没有抱太大的期望。一周过后，学生交来了研究记录，虽然大多较幼稚，但涉及方面林林总总，也不乏颇有创意的见地。看得出来，学生在课后还是下了些功夫的！

针对情况，又给他们提出修改意见，布置新的任务。

这事儿被其他班的同学知道了，居然不停地埋怨我太偏心，不选他们班去做这种课外的研究学习。当时我讶然地张大了嘴。

在接下来的日子里，学生对身边知识的渴求，学生体现出的研究精神都大大出乎我的意料。对身边出现的前沿科技，没有因为超过了自己的知识范围，就削弱他们的探究热情。

在课外研究性学习的展示课上，看着一张张充满满足、快乐、自信、成功的脸，我教了一年的学生，此时此刻我有了全新的认识。

人从坠地开始，就用好奇的双眼打量着这个陌生世界。在升学的指挥棒下，成绩压抑了人求知的本能。压抑的欲望一旦被释放，那能量是多么的巨大，深深地震撼着我……

课外研究性学习的展示课取得圆满成功，简直在我当初的意料之外。

由学科内容走向学生体验

刘何军

科学技术高速发展的今天，知识的传递和运用已今非昔比了。信息高速公路的迅猛发展，像一阵龙卷风把人类带进了信息化的社会。人们对于知识的认识和运用发生了翻天覆地的变化。我们这群社会的中坚力量，正经历着这个时代。

"人类不具备鸟类的飞行功能，但却设计出了飞机、火箭，比鸟飞得更高更快；人类的奔跑速度和耐力不如很多动物，但能设计出汽车、火车，比任何动物跑得更远更快；人脑的记忆和计算能力有限，但可以设计出记忆、运算能力无比强大的计算机……"记得这是我上初二物理第一节课的开场白，这么多的为什么，一下子抓住了孩子们的心，教室里顿时安静下来了，四周充满着渴求、专注的眼神，一堂多媒体教学开始了，精美的图片继续放着，配合着优美的旋律，有时，美妙的音乐会稍作停顿，一只可爱的米老鼠会带出一系列物理问题情境……一节课的时间就这样不经意地溜走了，大家都在参与，乐于探究、勤于动手，学习热情空前高涨，连平时最不起眼的同学也有兴趣提问了。现在我就感到浑身有使不完的劲，每天都是崭新的，每天都生机盎然。

当课程由"专制"走向民主，由封闭走向开放，由学科内容走向学生体验的时候，课程就不只是"文本课程"，更多的是"体验课程"（被教师与学生实实在在地体验到、感受到、领悟到、思考到的课程）。知识是靠自己在读中获得，情感要靠自己在读中体验，理念要靠自己在读中感悟，方法要靠自己在读中掌握。（于永正语）

创设物理问题情境是探究式课堂教学的良好开端。在物理知识与技能的探索学习的过程中，学生通过经历与科学工作者进行科学探究时的相似过程，学习物理知识与技能，体验科学探究的乐趣，学习科学家的科学探究方法，从而使学生不断地掌握一些简单的研究方法；然后通过过程与方法的获得过程，使学生初步领悟和形成科学的思想和精神，从而形成了一个良好的教学循环。

陶行知先生有一句至理名言："千学万学学做真人，千教万教教人求真。"

一所成功的学校，离不开一支高素质的师资队伍。一名优秀的教师，师德也许比专业水准更重要，除具备敬业和奉献精神外，必须坚定，诚实，具有"爱心"，是一个"大写的人"。

我认为师生关系不应是从属、服从、压制的关系，而应当是民主平等的关系，是双方在人格平等基础上的合作关系。

作为老师，我们应该要审时度势，根据社会需要，认清社会潮流，在创新教育理念指导下，有意识地对学生进行创新能力的培养，不仅全面确立了学生的主体地位，而且在促进学生创新能力的形成和发展的同时，塑造了完美人格和进行了一场学习方式的革命。

第五章　优秀物理教学随笔

品尝一节物理示范课的"味"

肖平

我校正在开展校本教研活动，旨在以教师个人的教学实践、自我反思、教师之间的互助合作，促进教师个人教学理念的转变及教学行为的改进，不断提高教学的针对性及实效性，提高教学质量。物理课欲"开"学生"胃口"，一定要讲究它的"味"。张晓玲老师这次上的示范课就值得细细品尝，确实够味。我认为起码应有以下"三味"：

一是本味。

既是物理课，就应有强烈的物理本味。众所周知，物理是以实验为基础教学。所谓"物理"，就是通过"物"——物理实验引入物理概念，来研究物理规律。就是要以"物"喻出"理"的本质，以"物"明了"理"的内涵，以"物"揭示"理"的真谛。因此，物理课的本味就是物理实验。

这节《用电压表测电压》，张老师选择的时间、地点、人物恰到好处。张老师由于课前反复做了多遍实验，所以对学生实验时间的估计掌握准确。上课地点选在实验室，营造出实验氛围。把学生作为主体，通过学生认真阅读仪器说明书，了解仪器的主要构造和基本原理，学生自己发现问题自己处理，并就实验的准确程度找出产生误差的主要原因和减小误差的方法。学生做实验特别认真，师生共同品味了实验成功后的喜悦。

实验的成功率是衡量物理课本味品质优劣的标志。如果实验失败了，就会导致本味的变质或丧失，这样不仅不能开学生的物理胃口，反而会大倒其胃口，降低学生的学习热情。这堂课学生实验的成功率非常高，使学生的物理胃口大开。

二是美味。

物理课要有美味，是随着现代教育理论和实践的探索，正逐渐被物理教师所认识和接受的。张老师这节物理课富有的美味有以下特点：

张老师不只是多让学生动手动口，更重要的是要把学生摆在主人的地位，让学生在积极的课堂氛围的激励下去发现，去创造。学生通过发现教材、课堂情境的美，会创造他们心中的美。而且这种发现，这种创造的过程本身就是美。当学生的审美积极性被充分调动起来的时候，当学生处于发现和创造的审美氛围之中的时候，于是张老师美感触发，激情波动，教法涌现，乃至引起情绪姿态、语气声调的多种变化。他把自己对学生的热爱、关怀、体贴、谅解、鼓励和期待之美意，表露在自己的教学仪态、教学语言和教学行为之中。张老师上课时总是表现出衣着的优雅，教态的和善，操作的规范，语言的亲切，让学生觉得张老师就是美的化身。师生之间心心相通，感情融洽，关系密切；学生会"爱屋及乌"，认为教师的一切长处都值得学习。再配上精美的课件，一切都是那么和谐，课堂美味飘逸。

三是趣味。

张老师设悬念导入新课：电流表和电压表都有相同的外型，都有三个接线柱，两个量程，但它们的使用相同吗？巧设悬念，激发趣味。巧设悬念，容易造成良好的心理态势和思维环境，激发学生的求知欲望，使学生趣味十足地积极开动脑筋去思索，去探求。学生通过测量 1 号、5 号和 7 号电池的电压居然相同，让学生大吃一惊，采新猎奇，精酿趣味。引起学生有益的发散思维，迸发出创造性思维火花。

一次失败的实验

刘军讯

　　"看不见"，"看不清楚"……安静的教室突然开始喧闹起来。敢发言的男生们开始起哄，而朴实的女孩子就静静地坐着，一脸茫然地望着那个在讲台上急得满头大汗的物理老师，当然，那就是我。其实，这是个证明分子间有间隙的不算复杂的小实验，以前就做过很多次；而且，在临上课前我还亲自做过一遍，也没什么问题，怎么偏偏到了这个关键时候，问题就出来了呢？在反复几遍仍不成功后，不得已，赶紧做好安抚工作："同学们，这个实验老师准备得不太充分，下次上课时我们重做。"在一片嘘声中，教室内总算安静了下来，我和同学们各怀心事，开始后面的学习，看得出，一些同学和我一样，根本没能进入状态。

　　一下课，赶紧找来刚才的器材，再重新做这个实验，也是反复地摇，然而，现象始终不明显。咦？那么课前做的时候，为什么又比较成功呢，而且以前做时也挺成功的啊！不由自主地开始回想自己在课前是怎么做的。哦，终于明白了，课前做时，摇一摇后，放在哪儿开始备课，过一会儿去看，现象非常明显，就放心地准备上课了。恍然大悟，原来是混合的时间不够，而且用的试管太小，所以不明显。而以前在做这个实验时，用的都是较大的试管和较多的水和酒精，现象就清楚得多。

　　又是一次新的教训，在自己认为绝对没有问题时却偏偏出了问题，这也提醒自己在课前准备时一定要把课堂中的每一个环节都考虑周到，让课堂始终处于自己的合理调控之中。下一次，我一定不会在我的学生面前那样的手足无措了，我暗暗地告诫自己！

在德育工作中的物理思想

张晓峰

新课程理念要求教师在平时的学科教学中有目的、有计划地进行德育教育。而作为一名长期担任班主任的物理教师，我一直在思考一个问题：在班主任的德育工作中，能否渗透一些物理知识和物理思想，从而在潜移默化中提高全体学生的科学素质和思想品德呢？通过长时间的体验和摸索，我总结出这样一个结论：如果班主任能巧妙地将物理知识和物理思想运用到班主任的德育工作中，既能收到意想不到的德育效果，又能巩固学生的物理知识，提高学生的物理素养。下面我就将自己的一些实践体验与大家共同交流。

首先是利用物理美学思想，对学生进行德育教育。比如：针对学生在衣着上的攀比心理，运用物理美学中的简单美和对称美，教育学生的衣着要朴素大方。因为物理学的一个重要的思想就是将复杂的问题简单化，简单就是一种美。让学生从中提升自己的审美情趣。再例如：运用物理美学中的统一美，教育学生坚持穿校服，改变以前强制说服的办法，从另一个角度教育学生认识到统一的着装也会给人带来一种美感。既达到了教育说服的目的，同时也提升了学生的物理素养。

其次是利用物理知识对学生进行德育教育。例如：当遇到学生因为早恋、上网或其他因素分心，影响自己的学习时，可以运用 $P = F/S$（即压强等于单位面积上受到的压力）来教育学生，学习的效果相当于 P，个人的努力、方法和精力相当于 F，而个人所注意和关心的因素和对象相当于 S。如果个人注意和关心的因素过多，在同等努力下，产生的学习效果也会非常微弱，只有将有限的精力集中在一个点上（即学习上），方能取得最理想的学习效果。再例如，要求学生在集队集会时，列队整齐，可以用光是沿直线传播的原理，提醒学生应该怎样注意自己的站姿。学生会因为

153

教师的新颖的要求方式，更加注意自己的站姿，同时也会因为对物理知识的运用而加深对它的掌握。再例如：在学生进行拔河比赛时，运用物理中合力的原理和摩擦力的知识，教育学生要万众一心，心往一处想，劲往一处使，从而培养学生的集体主义思想。

附 录 初中物理新课程标准

第一部分 前言

物理科学作为自然科学的重要分支，不仅对物质文明的进步和人类对自然界认识的深化起了重要的推动作用，而且对人类的思维发展也产生了不可或缺的影响。从亚里士多德时代的自然哲学，到牛顿时代的经典力学，直至现代物理中的相对论和量子力学等，都是物理学家科学素质、科学精神以及科学思维的有形体现。

在义务教育阶段，物理课程不仅应该注重科学知识的传授和技能的训练，注重将物理科学的新成就及其对人类文明的影响等纳入课程，而且还应重视对学生终身学习愿望、科学探究能力、创新意识以及科学精神的培养。因此物理课程的构建应注重让学生经历从自然到物理、从生活到物理的认识过程，经历基本的科学探究实践，注重物理学科与其他学科的融合，使学生得到全面发展。

一、课程性质

物理学是研究物质结构、物质相互作用和运动规律的自然科学。

物理学由实验和理论两部分组成。物理学实验是人类认识世界的一种重要活动，是进行科学研究的基础；物理学理论则是人类对自然界最基本、最普遍规律的认识和概括。

义务教育阶段的物理课程要让学生学习初步的物理知识与技能，经历基本的科学探究过程，受到科学态度和科学精神的熏陶；它是以提高全体学生的科学素质、促进学生的全面发展为主要目标的自然科学基础课程。

在义务教育阶段，物理课程的价值主要表现在以下几个方面：

（1）通过从自然、生活到物理的认识过程，激发学生的求知欲，让学生领略自然现象中的美妙与和谐，培养学生终身的探索兴趣。

（2）通过基本知识的学习与技能的训练，让学生初步了解自然界的基本规律，使学生能逐步客观地认识世界、理解世界。

（3）通过科学探究，使学生经历基本的科学探究过程，学习科学探究方法，发展初步的科学探究能力，形成尊重事实、探索真理的科学态度。

（4）通过科学想象与科学推理方法的结合，发展学生的想象力和分析概括能力，使学生养成良好的思维习惯，敢于质疑，勇于创新。

（5）通过展示物理学发展的大体历程，让学生学习一些科学方法和科学家的探索精神，关心科技发展的动态，关注技术应用带来的社会进步和问题，树立正确的科学观。

二、课程基本理念

（一）注重全体学生的发展，改变学科本位的观念

义务教育阶段的物理课程应以提高全体学生的科学素质为主要目标，满足每个学生发展的基本需求，改变学科本位的观念，全面提高公民的科学素质。

（二）从生活走向物理，从物理走向社会

义务教育阶段的物理课程应贴近学生生活，符合学生认知特点，激发并保持学生的学习兴趣，通过探索物理现象，揭示隐藏其中的物理规律，并将其应用于生产生活实际，培养学生终身的探索乐趣、良好的思维习惯和初步的科学实践能力。

（三）注重科学探究，提倡学习方式多样化

物理课程应改变过分强调知识传承的倾向，让学生经历科学探究过

程，学习科学研究方法，培养学生的探索精神、实践能力以及创新意识。改革以书本为主、实验为辅的教学模式，提倡多样化的教学方式，鼓励将信息技术渗透于物理教学之中。

（四）注意学科渗透，关心科技发展

结合国际科学教育的理论和实践，构建具有中国特色的物理课程体系，注意不同学科间知识与研究方法的联系与渗透，使学生关心科学技术的新进展和新思想，了解自然界事物的相互联系，逐步树立科学的世界观。

（五）构建新的评价体系

物理课程应该改革单一的以甄别和选拔为目的的评价体系。在新的评价观念指导下，注重过程评价与结果评价结合，构建多元化、发展性的评价体系，以促进学生素质的全面提高和教师的不断进步。

三、课程标准设计

（一）课程标准设计框图

图1（见下页）为物理课程标准设计框图。《全日制义务教育物理课程标准（实验稿）》（以下简称《标准》）将义务教育阶段的物理课程培养目标定位为：提高全体学生的科学素质。由此，提出了义务教育阶段物理课程的基本理念和课程目标。内容标准由科学探究和科学内容组成。科学探究包含提出问题、猜想与假设、制定计划与设计实验、进行实验与收集证据、分析与论证、评估、交流与合作等要素。科学内容含有三个主题：物质、运动和相互作用、能量。在课程实施建议部分，分别为教师、教材编写者、教育管理人员提供了教学建议、教科书编写建议、课程资源开发和利用建议以及学生学习评价建议。

（二）课程标准设计的几点说明

（1）义务教育阶段的物理课程以提高全体学生的科学素质为目的，因此《标准》规定了面向全体学生的基本学习要求。

（2）《标准》不仅对"知识与技能"提出了基本要求，而且对"过程与方法"、"情感态度与价值观"均提出了相应要求。

（3）《标准》特别将科学探究纳入内容标准，旨在加强对学生科学素质的培养。学生不仅应学习物理知识和技能，还应经历一些科学探究过程，学习科学方法，了解科学·技术·社会（STS），逐步树立科学的世界观。科学探究应渗透在教材和教学过程的各个部分。

（4）为了进一步将课程基本理念和课程目标渗透到内容标准中，帮助教师更好地理解内容标准，《标准》特别在内容标准中增设了样例和活动建议，它们不是必学内容，仅供教师参考。

（5）《标准》为义务教育阶段的物理教材编写留有自主空间，也为课程的具体实施留有回旋余地。

图1　物理课程标准设计框图

义务教育阶段物理教育培养目标定位

▲提高全体学生的科学素质

↓

课程基本理念

▲注重学生发展，改变学科本位

▲从生活走向物理，从物理走向社会

▲注重科学探究，提倡学习方式多样化

▲注意学科渗透，关心科技发展

▲构建新的评价体系

↓

课程目标

▲知识与技能

▲过程与方法

▲情感态度与价值观

↓

内容标准		
（含样例和活动建议）		
科学探究	科学内容	
●提出问题 ●猜想与假设 ●制定计划与 　设计实验 ●进行实验与 　收集证据 ●分析与论证 ●评估 ●交流与合作	物质	物质的形态与变化，物质的属性，物质的结构与物体的尺度，新材料及其应用
	运动和相互作用	多种多样的运动形式，机械运动和力，声和光，电和磁
	能量	能量、能量转化与转移，机械能，内能，电磁能，能量守恒，能源和可持续发展

↓

实施建议
▲教学建议 ▲教科书编写建议 ▲课程资源开发和利用建议 ▲学生学习评价建议

第二部分　课程目标

课程总目标是使学生保持对自然界的好奇，发展对科学的探索兴趣，

附　录　初中物理新课程标准

在了解和认识自然的过程中有满足感及兴奋感；学习一定的物理基础知识，养成良好的思维习惯，在解决问题或作决定时能尝试运用科学原理和科学研究方法；经历基本的科学探究过程，具有初步的科学探究能力，乐于参与和科学技术有关的社会活动，在实践中有依靠自己的科学素养提高工作效率的意识；具有创新意识，能独立思考，勇于有根据地怀疑，养成尊重事实、大胆想象的科学态度和科学精神；关心科学发展前沿，具有可持续发展的意识，树立正确的科学观，有振兴中华、将科学服务于人类的使命感与责任感。

一、知识与技能

（1）初步认识物质的形态及变化、物质的属性及结构等内容，了解物体的尺度、新材料的应用等内容，初步认识资源利用与环境保护的关系。

（2）初步认识机械运动、声和光、电和磁等自然界常见的运动和相互作用，了解这些知识在生活、生产中的应用。

（3）初步认识能量、能量的转化与转移、机械能、内能、电磁能以及能量守恒等内容。了解新能源的应用，初步认识能源利用与环境保护的关系。

（4）初步了解物理学及其相关技术产生的一些历史背景，能意识到科学发展历程的艰辛与曲折，知道物理学不仅指物理知识，而且还包含科学研究方法、科学态度和科学精神。

（5）具有初步的实验操作技能，会使用简单的实验仪器和测量工具，能测量一些基本的物理量。

（6）会记录实验数据，知道简单的数据处理方法，会写简单的实验报告，会用科学术语、简单图表等描述实验结果。

二、过程与方法

（1）经历观察物理现象的过程，能简单描述所观察物理现象的主要特征。有初步的观察能力。

（2）能在观察物理现象或物理学习过程中发现一些问题。有初步的提出问题的能力。

（3）通过参与科学探究活动，学习拟订简单的科学探究计划和实验方案，能利用不同渠道收集信息。有初步的信息收集能力。

（4）通过参与科学探究活动，初步认识科学研究方法的重要性，学习信息处理方法，有对信息的有效性作出判断的意识。有初步的信息处理能力。

（5）学习从物理现象和实验中归纳简单的科学规律，尝试应用已知的科学规律去解释某些具体问题。有初步的分析概括能力。

（6）能书面或口头表述自己的观点，初步具有评估和听取反馈意见的意识。有初步的信息交流能力。

三、情感态度与价值观

（1）能保持对自然界的好奇，初步领略自然现象中的美妙与和谐，对大自然有亲近、热爱、和谐相处的情感。

（2）具有对科学的求知欲，乐于探索自然现象和日常生活中的物理学道理，勇于探究日常用品或新器件中的物理学原理，有将科学技术应用于日常生活、社会实践的意识。乐于参与观察、实验、制作、调查等科学实践活动。

（3）在解决问题的过程中，有克服困难的信心和决心，能体验战胜困难、解决物理问题时的喜悦。

（4）养成实事求是、尊重自然规律的科学态度，不迷信权威，具有判断大众传媒是否符合科学规律的初步意识。

（5）有将自己的见解公开并与他人交流的愿望，认识交流与合作的重要性，有主动与他人合作的精神，敢于提出与别人不同的见解，也勇于放弃或修正自己的错误观点。

（6）初步认识科学及其相关技术对于社会发展、自然环境及人类生活的影响。有可持续发展的意识，能在个人力所能及的范围内对社会的可持续发展有所贡献。

（7）有将科学服务于人类的意识，有理想，有抱负，热爱祖国，有振兴中华的使命感与责任感。

第三部分　内容标准

内容标准规定了义务教育阶段物理课程的基本学习内容和应达到的基本要求。

内容标准注意物理知识的学习和技能的训练，强调科学过程和科学方法的学习，关注科学、技术、社会的观念的渗透，注重科学态度与科学精神的培养。

内容标准由科学探究和科学内容两部分组成，其中科学内容包括物质、运动和相互作用、能量三个部分。

内容标准中的样例是对标准进一步的解释和扩展，活动建议则为教师提供了教学活动实例。它们不是学生必须学习的内容。

一、科学探究

在《标准》中，科学探究既是学生的学习目标，又是重要的教学方式之一。将科学探究列入内容标准，旨在将学习重心从过分强调知识的传承和积累向知识的探究过程转化，从学生被动接受知识向主动获取知识转化，从而培养学生的科学探究能力、实事求是的科学态度和敢于创新的探索精神。

学生在科学探究活动中，通过经历与科学工作者进行科学探究时的相似过程，学习物理知识与技能，体验科学探究的乐趣，学习科学家的科学探究方法，领悟科学的思想和精神。

科学探究的形式是多种多样的，其要素有：提出问题、猜想与假设、制定计划与设计实验、进行实验与收集证据、分析与论证、评估、交流与合作。在学生的科学探究中，其探究过程可以涉及所有的要素，也可以只涉及部分要素。科学探究渗透在教材和教学过程的不同部分。

（一）科学探究能力目标

在义务教育阶段物理课程的学习中，科学探究能力大致表现在以下几个方面：

科学探究要素	对科学探究能力的基本要求
提出问题	●能从日常生活、自然现象或实验观察中发现与物理学有关的问题。 ●能书面或口头表述这些问题。 ●认识发现问题和提出问题对科学探究的意义。
猜想与假设	●尝试根据经验和已有知识对问题的成因提出猜想。 ●对探究的方向和可能出现的实验结果进行推测与假设。 ●认识猜想与假设在科学探究中的重要性。
制定计划与设计实验	●明确探究目的和已有条件，经历制定计划与设计实验的过程。 ●尝试选择科学探究的方法及所需要的器材。 ●尝试考虑影响问题的主要因素，有控制变量的初步意识。 ●认识制定计划与设计实验在科学探究中的作用。
进行实验与收集证据	●能通过观察和实验收集数据。 ●能通过公共信息资源收集资料。 ●尝试评估有关信息的科学性。 ●会阅读简单仪器的说明书，能按书面说明操作。 ●会使用简单的实验仪器，能正确记录实验数据。 ●具有安全操作的意识。 ●认识进行实验与收集数据对科学探究的重要性。
分析与论证	●能初步描述实验数据或有关信息。 ●能对收集的信息进行简单的比较。 ●能进行简单的因果推理。 ●经历从物理现象和实验中归纳科学规律的过程。 ●尝试对探究结果进行描述和解释。 ●认识分析论证在科学探究中是必不可少的。

续表

科学探究要素	对科学探究能力的基本要求
评估	●有评估探究过程和探究结果的意识。 ●能注意假设与探究结果间的差异。 ●能注意探究活动中未解决的矛盾，发现新的问题。 ●尝试改进探究方案。 ●有从评估中吸取经验教训的意识。 ●认识评估对科学探究的意义。
交流与合作	●能写出简单的探究报告。 ●有准确表达自己观点的意识。 ●在合作中注意既坚持原则又尊重他人。 ●能思考别人的意见，改进自己的探究方案。 ●有团队精神。 ●认识科学探究中必须有合作精神。

（二）科学探究实例

科学探究的问题可以是学生提出的，也可以是教师提出的，可以是《标准》所要求的科学内容，也可以是与《标准》科学内容有关的交叉学科的内容。科学探究的形式有课堂内的探究性活动和课堂外的家庭实验、社会调查及其他学习活动。

例1　比较材料的保温性能

●提出问题

李明在一所农村中学读书，学校有一只大的开水桶，冬天为了保温，在桶外裹上了一层棉被，尽管如此，早上灌的是开水，到了下午还是变得凉凉的。一天早上，李明看见张迪用铝合金饭盒装开水时，滚烫的饭盒只垫了薄薄的一层泡沫塑料就不烫手了，他突然想到，能否用泡沫塑料代替棉被给开水桶保温呢？他将这一想法告诉了张迪。

李明认为，手觉得热，是因为手吸收了热量，温度升高。隔着泡沫塑料拿热饭盒不烫手，说明泡沫塑料导热性能差。用导热性能差的材料包着开水桶，保温的效果按理说就会好些。张迪随手摸了一下热水桶上的棉被，暖乎乎的，热量通过棉被传出来了。张迪想，李明可能是对的，泡沫塑料的保温效果可能会比棉被好。

李明告诉张迪，如果用这两种材料分别包着装有热水的烧瓶，定时测量两烧瓶中的水温，便可以得出这两种材料保温性能好坏的结论。"还可能有其他因素影响水温变化，如两个烧瓶中的水是否一样多，水温是否一样高。"张迪说。"是的，"李明强调，"还需注意放烧瓶的环境是否一样，泡沫塑料与棉被的厚度是否一样等。"他们注意控制影响水温变化的其他因素，决定在两个烧瓶中装质量相等的水，加热到相同的温度后分别用两种保温材料包好，放在相同的环境温度下自然冷却。按照这个计划操作，李明和张迪把实验测得的数据填在下表中。

● 进行实验与收集证据

t/min	0	5	10	15	20	25	35	45	55	65	80	95	110	125	140	155
$T_1/℃$	80	72	64	59	55	51	50	41	37	34	30	26	24	22	21	20
$T_2/℃$	80	65	56	48	43	38	32	28	26	24	22	22	21	21	20	20

● 分析与论证

根据表格中的数据，第 1 组（泡沫塑料保温）从 80℃ 降至 40℃ 所用的时间超过了 45min，而第 2 组（棉被保温）降低相同温度只用了不到 25min，这表明，泡沫塑料的保温性能确实优于棉被。

● 评估

以上表格中，第 35min T_1 的数据与 T_1 的总的变化趋势有较大的偏差，回想实验的操作，有可能在读温度时有疏忽。如果剔除这个温度值，其他所有数据都与实验结论吻合。因此，这个实验的结论应该是可信的。

● 交流与合作

李明和张迪讨论后，给学校总务处写了一封信，信中阐述了实验的过程和结论，建议学校替换开水桶的保温材料。

例 2　影响电磁铁磁性强弱的因素

●**提出问题**（教师提出）

课堂上教师问：电磁铁的磁性强弱和什么因素有关？如果改变通过电磁铁的电流或者改变电磁铁的匝数，它的磁性强弱会变吗？

●**假设与猜想**

学生相互议论：假设通过电磁铁的电流由 1A 增加到 2A，电磁铁的磁性会怎样？是否可以这样推测：导线中的 2A 电流是两股 1A 电流汇合而成的，每股电流都产生一个磁场，两个相同磁场合在一起，电磁铁的磁性增强了。

如果电磁铁的电流不变，线圈由 100 匝增加到 200 匝，它的磁性又会怎样？是否可以这样推测：200 匝线圈是由两组 100 匝线圈组合而成的，每组线圈都产生一个磁场，两个相同磁场合在一起，电磁铁的磁性增强了。

通过以上推测可以想到：电磁铁的线圈匝数越多，通过的电流越大，电磁铁的磁性将越强。

●**制定计划与设计实验**

通过怎样的实验来检验以上猜想呢？这个实验需要解决三个问题，同学们讨论了解决这三个问题的各种可能方法：

（1）怎样测量电磁铁磁性的强弱？

学生 A：看它能吸起多少根大头针或小铁钉。

学生 B：看它能吸起多少铁屑（用天平称）。

学生 C：看它对某一铁块的吸引力（用弹簧测力计把被电磁铁吸住的铁块拉开时弹簧测力计的读数）有多大。

（2）怎样改变和测量通过电磁铁线圈的电流？

学生 D：用滑动变阻器改变线圈中的电流，用电流表测量电流的大小。

学生 E：用增减电池来改变线圈中的电流，用串联小灯泡的亮度来比较电流的大小。

（3）怎样改变电磁铁线圈的匝数？

学生 F：使用中间有抽头、能改变线圈匝数的现成电磁铁产品。

学生 G：临时制作电磁铁线圈，边实验、边绕制。

教师建议：用学生 C、D、F 提出的方法来组成探究实验的方案。

● **进行实验与收集证据**

按照教师的建议，学生分小组进行实验操作：把开关、滑动变阻器、电流表、电磁铁串联起来接到电源上，当滑动变阻器取不同值时测量电流和电磁铁对铁块的吸引力，把测量数据填入下表（表1）。

表1

电流/A				
电磁铁对铁块的引力/N				

改变线圈匝数，调节滑动变阻器，使电流保持不变，测量不同匝数时电磁铁对铁块的吸引力，把实验数据填入下表（表2）。

表2

匝数				
电磁铁对铁块的引力/N				

● **分析与论证**

各个小组从本组实验的表1数据看到，当电磁铁线圈匝数不变、电流逐渐增大时，电磁铁对铁块的吸引力是同步增大的；从表2数据看到，在电流相同的情况下、电磁铁线圈的匝数增加时，电磁铁对铁块的吸引力是同步增大的。由此可以证实：电磁铁的磁性强弱和电磁铁线圈的匝数、通过电磁铁线圈的电流有关，电磁铁线圈的匝数越多、电流越大，磁性越强。

● **评估**

回顾以上操作，看看有什么不妥的地方：当改变线圈匝数的时候，是否确实做到了线圈中电流和线圈的形状都不变？当测量电磁铁的吸引力时，用的是否是同一个铁块？有没有其他因素影响了实验结果？如果这些因素在实验中都作了充分的考虑，实验的结果应该是可靠的。

● **交流与合作**

各个小组把实验过程和结果写成实验报告，并分别在班上报告本组的实验结果，进行讨论和交流。

二、科学内容

本标准的科学内容分为物质、运动和相互作用以及能量三大部分。下表为科学内容标准的一级主题与二级主题。这种主题式的呈现形式不代表教材的结构或教学的顺序。教材的编写者可以根据内容标准组织编写不同特色的教材。

内容标准中的活动建议不是规定的教学内容，教师可以从中选用，也可以结合当地情况开展其他活动。

物理科学是一门实验科学，在义务教育阶段应让学生通过观察、操作、体验等方式，经历科学探究过程，逐步学习物理规律，构建物理概念，学习科学方法，逐步树立科学的世界观。

一级主题	二级主题
物质	物质的形态和变化 物质的属性 物质的结构与物体的尺度 新材料及其应用
运动和相互作用	多种多样的运动形式 机械运动和力 声和光 电和磁
能量	能量、能量的转化和转移 机械能 内能 电磁能 能量守恒 能源与可持续发展

主题一　物质

各种物体、微粒和场，都是以不同形式存在着的物质。"物质"所涉及的科学内容，多数与日常生活和自然现象密切相关，与新材料的发展前沿相联系。学习这些内容不仅能让学生在 3~6 年级科学课程的基础上进一步认识物质世界，而且有利于学生树立正确的科学观。

这部分内容大致分为三类：第一类是对于身边物质的初步认识，学习时应注意联系学生的生活；第二类是对于物质结构和物体尺度的初步认识，这部分内容由于尺度太小或太大，人类缺少直接经验，因此应注意科学方法的运用；第三类是和当前蓬勃发展的材料科学相联系的，学习中应该注意体会科学·技术·社会的关系。

"物质"划分为以下四个二级主题：

·物质的形态和变化

·物质的属性

·物质的结构与物体的尺度

·新材料及其应用

（一）物质的形态和变化

1．内容标准

（1）能用语言、文字或图表描述常见物质的物理特征。能从生活和社会应用的角度，对物质进行分类。

例1　调查自然界、日常生活中的一些物质，列表归纳这些物质的相同点和不同点。根据不同物质在物理性质（形态、弹性、颜色）和用途上的差异进行分类。

（2）有评估某些物质对人和环境的积极和消极影响的意识。尝试与同学交流对当地环境资源利用的意见。

例2　讨论塑料、化肥、清洁剂、灭蚊片和农药等对人和环境的影响。

（3）能区别固、液和气三种物态。能描述这三种物态的基本特征。

例3　观察周围的物质，根据形状和体积的稳定性和流动性，说明固体、液体、气体的不同特征。列举自然界和日常生活中的各种不同状态的物质。

（4）能说出生活环境中常见的温度值。了解液体温度计的工作原理。会测量温度。尝试对环境温度问题发表自己的见解。

例4 调查生活中常见的温度计，了解这些温度计的工作原理，解释为什么液体温度计中的液体会有不同。

例5 尝试对温室效应、热岛效应等发表自己的见解。

（5）通过实验探究物态变化过程。尝试将生活和自然界中的一些现象与物质的熔点或沸点联系起来。

例6 运用物态变化的知识，了解高压锅的原理。

注意：培养学生将学到的物理知识及技术与生活密切联系的意识。在课程中渗透科学·技术·社会的观念是《标准》提倡的基本理念之一。

（6）能用水的三态变化解释自然界中的一些水循环现象。有节约用水的意识。

2．活动建议

（1）调查学校和家庭的用水状况，设计一个学校或家庭的节水方案。

（2）观察并探究电冰箱中的物态变化。

例如：放进冰箱的新鲜蔬菜过几天为什么会失去水分？冰箱内壁的水珠到哪里去了？写出探究报告。

注意：电冰箱中的物态变化有典型特点，电冰箱内既有熔化和凝固，也有汽化和液化、升华和凝华。让学生应用物理知识解释身边的一些物理现象，会使学生产生亲近感、成就感。这是从生活走向物理，从物理走向社会的理念的具体体现。

（3）通过观察，探究自然界中的霜、雪、雨、露等天气现象。

注意：探究自然界中的各种物理现象，是学生学习物理的另一种基本方法。自然界中的各种物理现象是比较复杂的，学习物理应尽可能联系各种自然现象，突出基本的物理原理，但不要求学生作出完美的解释。这是从自然到物理的基本理念的体现。

（4）调查当地水资源的利用状况，并对当地水资源的利用提出自己的见解。

（5）调查本地农田灌溉（或污水处理）的主要方式，了解先进的灌溉技术。

（二）物质的属性

1．内容标准

（1）能描述物质的一些属性。尝试将这些属性与日常生活中物质的用途联系起来。

例1　通过实验，探究几种金属和塑料的弹性、硬度。说明生活中是怎样应用物质的这些属性的。

例2　通过磁铁等磁性物质，感知物质的磁性和磁化现象，调查磁性材料在生活中的用途。

例3　通过实验，探究物质的导电性，讨论是否任何物体都具有导电性。通过观察、查阅资料，比较导体、半导体、绝缘体的不同。

（2）初步认识质量的概念。会测量固体和液体的质量。

例4　分别说出质量为几千克、几克的一些物品。

注意：应该让学生学习一些基本物理量的测量方法，以便使其认识到感觉是不可靠的。还应该让学生对物理量单位的大小有感性认识，发展其估测能力。

（3）通过实验理解密度的概念。尝试用密度知识解决简单的问题。能解释生活中一些与密度有关的物理现象。

例5　用密度知识鉴别体育课用的铅球是否是纯铅制的。

（4）了解物质的属性对科技进步的影响。

例6　从学校数据库或因特网上收集有关物质属性的信息。

注意：《标准》提倡尽可能将信息技术应用于物理教学过程。有条件的学校应充分利用现代教学手段，激发学生学习兴趣，扩展学生视野。条件受限的学校可以充分利用当地的课程资源，以便让学生感受到物理知识对生活、生产的影响。

例7　调查市场上的服装面料或炊具，了解它们的名称和物理属性。

注意：将物理知识与生活实际相结合，是《标准》提倡的学习方法之一。应尽可能让学生接触生活、接触社会。

2．活动建议

（1）利用一块磁铁和几根缝衣针，制作指南针，并验证同极相斥、异极相吸的现象。

（2）测量一些固体和液体的密度。如可让学生自己设计一种方案，测量酱油、食用油、醋、盐、塑料制品、肥皂和牛奶等日用品的密度。教师应向学生进行安全和保护环境方面的指导。

（三）物质的结构与物体的尺度

1．内容标准

（1）知道物质是由分子和原子组成的。

例1 用图形、文字和语言描述原子、分子模型。

（2）了解原子的核式模型。了解人类探索微观世界的历程，并认识这种探索将不断深入。

例2 观看介绍物质微观世界的音像资料。

注意：有条件的学校可以通过多媒体技术向学生展示丰富多彩的微观世界，以便使学生了解微观世界并感受探索的乐趣。

（3）大致了解人类探索太阳系及宇宙的历程，并认识人类对宇宙的探索将不断深入。

例3 用望远镜观察天体。

（4）对物质世界从微观到宏观的尺度有大致的了解。

例4 设计图表。根据物体尺度的大小，按电子——原子核——原子——分子——生物体——地球——太阳系——银河系的顺序排列。

注意：图表的形式可以是多种多样的，教师应让学生充分展示。

2．活动建议

（1）自己设计实验方案，探究分子间的引力和斥力。

（2）从图书馆、因特网和学校的数据库中收集有关人类对宇宙进行探索的资料。

（3）观看《宇宙与人》等科普电影。

（四）新材料及其应用

1．内容标准

（1）初步了解半导体的一些特点。了解半导体材料的发展对社会的影响。

（2）初步了解超导体的一些特点。了解超导体对人类生活和社会发展可能带来的影响。

例1　阅读有关的科普资料，了解超导现象以及超导体在磁悬浮列车、超导输电等方面可能的应用。

（3）初步了解纳米材料的应用和发展前景。

例2　收集有关信息，了解纳米材料的有关知识。

（4）有保护环境和合理利用资源的意识。

例3　参观生产某种材料（如建材、塑料等）的工厂，了解这些材料的生产过程和应用情况，调查生产这些材料可能造成的环境污染，提出治理这些污染的设想。

2．活动建议

（1）让学生从资料室、因特网上收集有关新材料研究和开发的信息，并写出一篇小论文。

（2）调查生活、生产中应用的一些新材料，弄清它们的名称、用途、特点和属性等，并列表显示调查结果。

主题二　运动和相互作用

物质处于永恒的运动中，不同的物质和不同的运动形式又发生着相互作用。了解物质的运动和相互作用的规律，是认识物理现象所必需的。这部分内容具有很强的规律性，对它的学习有利于发展学生的科学探究能力和解决问题的能力，有利于培养学生的科学态度和科学精神。

在这部分内容的学习中，应该让学生经历对知识探究和领悟的过程，发展获取信息、处理信息和解决实际问题的能力。

"运动和相互作用"划分为以下四个二级主题：

·多种多样的运动形式

·机械运动和力

·声和光

·电和磁

（一）多种多样的运动形式

1．内容标准

（1）能用实例解释机械运动及其相对性。

（2）能从生活、自然中的一些简单热现象推测分子的热运动。初步认识宏观热现象和分子热运动的联系。

例1　用自己的语言或图形描绘分子的热运动。

（3）能用实验证实电磁相互作用。能举例说明电磁波在日常生活中的应用。

例2　通过磁铁插入线圈时电流表指针运动的实例，说明不同运动形式之间有联系。

（4）能举例说明自然界存在多种多样的运动形式。知道世界处于不停的运动中。

例3　通过氯化钠在水中溶解、盐酸与氢氧化钠反应生成氯化钠等现象，证明组成物质的微粒是在运动的，运动形式是多样的。

2．活动建议

（1）观看有关机械运动的录像片，对有关现象用机械运动的相对性进行解释。

（2）从自然现象或实验事实中举出事例，说明组成物质的微粒在不停地运动。

（二）机械运动和力

1．内容标准

（1）能根据日常经验或自然现象粗略估测时间。会使用适当的工具测量时间。能通过日常经验或物品粗略估测长度。会选用适当的工具测量长度。

例1　利用步长估测学校教学楼的长度。

例2　调查市场上出售的成品服装和鞋子尺码的国家标准。通过对自己身体各部位的测量，搞清自己应购买哪种规格的上衣、裤子和鞋子。

（2）能用速度描述物体的运动。能用速度公式进行简单计算。

（3）通过常见事例或实验，了解重力、弹力和摩擦力。认识力的作用效果。能用示意图描述力。会测量力的大小。知道二力平衡条件。了解物体运动状态变化的原因。

例 3　实验探究磁铁可以改变钢球运动的方向。

例 4　观察体育运动中的射箭，弓对箭的弹力使箭由静止到运动。

（4）通过实验探究，理解物体的惯性。能表述牛顿第一定律。

例 5　坐在汽车里，体验当汽车静止、以某一速度正常行驶、速度增加、速度减小、转弯等时刻的感觉。

（5）通过实验探究，学会使用简单机械改变力的大小和方向。

（6）通过实验探究，学习压强的概念。能用压强公式进行简单计算。知道增大和减小压强的方法。了解测量大气压强的方法。

例 6　估测自己站立时对地面的压强。

（7）通过实验探究，认识浮力。知道物体浮沉的条件。经历探究浮力大小的过程。知道阿基米德原理。

例 7　知道潜水艇浮沉的原理。

（8）通过实验探究，初步了解流体的压强与流速的关系。

例 8　简单解释飞机的升力。

2．活动建议

（1）测量自己的脉搏，再测出正常走路时一步的长度。

注意：以上做法相当于在自己的身体上设置了一个"时钟"和一把"尺子"，可以在没有钟表和皮尺的情况下估算走路的平均速度。这有利于因地制宜培养学生的估测能力。

（2）学读汽车、摩托车上的速度表。

（3）讨论测量火车（汽车）速度的各种方案（注意安全，不能靠近被测车辆），进行实测。学读《旅客列车时刻表》。

（4）查阅电冰箱等家用电器在运输、安装时对倾斜程度的要求。设计一种方法检查这些机器的倾斜程度。

（5）用弹簧或橡皮筋制作简易测力计，探究弹簧的弹力与橡皮筋伸长量的关系。

（6）用饮料软管制作口吹喷雾器。

（三）声和光

1．内容标准

（1）通过实验探究，初步认识声产生和传播的条件。了解乐音的特性。了解现代技术中与声有关的应用。知道防治噪声的途径。

例1　在鼓面上放一些碎纸屑，敲击鼓面，使其发声，观察纸屑的运动。敲击音叉，观察与其轻触的乒乓球的运动。

例2　将闹钟放到玻璃罩中，抽去空气，这时几乎听不到声音。慢慢放入空气，声音从无到有，从小到大。

例3　收集超声波的应用实例。

例4　举例说明建筑物中是如何防治噪声的。

（2）通过实验，探究光在同种均匀介质中的传播特点。探究并了解光的反射和折射的规律。

例5　演示激光束（或太阳光束）在平面镜上的反射（用玩具激光器产生激光，用烟雾显示激光，注意不能直射眼睛），入射光束与平面镜的夹角增大时，反射光束与平面镜的夹角也增大。

例6　演示激光束（或太阳光束）从空气射入水中时发生偏折。

（3）通过实验，探究平面镜成像时像与物的关系。认识凸透镜的会聚作用和凹透镜的发散作用。探究并知道凸透镜成像的规律。了解凸透镜成像的应用。

例7　了解凸透镜的应用——放大镜、照相机、投影仪。

例8　了解人眼成像的原理，了解近视眼和远视眼的成因与矫正办法。

（4）通过观察和实验，知道白光是由色光组成的。比较色光混合与颜料混合的不同现象。

例9　观察两只手电分别射出的红光与蓝光在白墙上重叠部分的颜色。观察红、绿颜料混合后的颜色。

（5）知道波长、频率和波速的关系。了解波在信息传播中的作用。

例10　知道人是怎样听到声音的。

2. 活动建议

（1）调查社区（或学校）中噪声污染的情况和已采取的防治措施，提出进一步防治噪声的建议。

（2）阅读投影仪或照相机的说明书，通过说明书学习使用投影仪或照相机。

（3）用两个不同焦距的凸透镜制作望远镜。

（四）电和磁

1．内容标准

（1）通过实验，探究通电螺线管外部磁场的方向。

（2）通过实验，了解通电导线在磁场中会受到力的作用，力的方向与电流及磁场的方向都有关系。

例1　了解动圈式扬声器的结构和原理。

例2　探究直流电动机换向器的原理。

（3）通过实验，探究导体在磁场中运动时产生感应电流的条件。

例3　收集电磁感应在生产、生活中应用的事例。

（4）知道光是电磁波。知道电磁波在真空中的传播速度。

例4　举例说明电磁波的存在。

例5　根据广播电台的发射频率计算波长。

（5）了解电磁波的应用及其对人类生活和社会发展的影响。

例6　了解微波炉的原理。

例7　了解移动通信中基地台的作用。

例8　了解数字信号和模拟信号的基本区别。

例9　简单介绍光缆通信和卫星通信。

2．活动建议

（1）在教师指导下研究动圈式扬声器是否可以当作动圈式话筒使用。

（2）用绝缘导线、铁钉、铁片等自制有线电报机。

（3）在教师指导下学习使用电磁继电器。

（4）调查电磁波在现代社会中的广泛应用。

主题三　能量

能量的转化和守恒是自然科学的核心内容之一，从更深的层次上反映了物质运动和相互作用的本质。它广泛渗透在各门学科中，并和各种产业及日常生活息息相关。这部分内容对于学生树立科学的世界观、联系生活

177

生产实际、形成可持续发展的意识以及进一步学习其他科学技术，都是十分重要的。

这部分内容具有较强的综合性，应该注意和本课程其他部分的联系，注意和其他学科的融合，注意可再生能源的开发、环境保护等可持续发展观念的体现。

"能量"划分为以下六个二级主题：

·能量、能量的转化和转移

·机械能

·内能

·电磁能

·能量守恒

·能源与可持续发展

（一）能量、能量的转化和转移

1. 内容标准

（1）通过实例了解能量及其存在的不同形式。能简单描述各种各样的能量和我们生活的关系。

（2）通过实例认识能量可以从一个物体转移到另一个物体，不同形式的能量可以互相转化。

（3）结合实例认识功的概念。知道做功的过程就是能量转化或转移的过程。

例 实验：试管中的水蒸气把橡胶塞弹出（实验时注意安全），水蒸气的内能转化成了橡胶塞的动能，这时，水蒸气做了功；电流流过电炉丝，电能转化成了物体的内能，这时，电流做了功。

（4）结合实例理解功率的概念。了解功率在实际中的应用。

2. 活动建议

（1）讨论：太阳能在地球上怎样转化成各种形式的能？

（2）调查常见机械和电器的铭牌，比较它们的功率。

（二）机械能

1. 内容标准

（1）能用实例说明物体的动能和势能以及它们的转化。能用实例说明机械能和其他形式的能的转化。

例1　说明荡秋千游戏中动能和势能的转化情况。

例2　说明公园中小孩玩蹦蹦床时机械能的转化情况。

（2）知道机械功的概念和功率的概念。能用生活、生产中的实例解释机械功的含义。

（3）理解机械效率。

例3　测定某种简单机械的机械效率。

（4）了解机械使用的历史发展过程。认识机械的使用对社会发展的作用。

2．活动建议

通过阅读了解人类利用机械的历史，写一篇小论文。

（三）内能

1．内容标准

（1）通过观察和实验，初步了解分子动理论的基本观点，并能用其解释某些热现象。

例1　观察扩散现象，并能用分子热运动的观点进行解释。

（2）了解内能的概念。能简单描述温度和内能的关系。

（3）从能量转化的角度认识燃料的热值。

（4）了解内能的利用在人类社会发展史上的重要意义。

例2　了解蒸汽机、内燃机、汽轮机、喷气发动机的基本原理及这些发动机对生产力发展所起的作用。

（5）了解热量的概念。

（6）通过实验，了解比热容的概念。尝试用比热容解释简单的自然现象。

例3　解释海陆风的成因。

2．活动建议

研究电冰箱内外的温度差与所耗电能的关系，提出节能措施。

（四）电磁能

1．内容标准

（1）从能量转化的角度认识电源和用电器的作用。

（2）通过实验探究电流、电压和电阻的关系。理解欧姆定律，并能进行简单计算。

（3）会读、会画简单的电路图。能连接简单的串联电路和并联电路。能说出生活、生产中采用简单串联或并联电路的实例。

（4）会使用电流表和电压表。

（5）理解电功率和电流、电压之间的关系，并能进行简单计算。能区分用电器的额定功率和实际功率。

（6）通过实验探究，知道在电流一定时，导体消耗的电功率与导体的电阻成正比。

例1　解释：家庭电路中导线连接处如果接触不好，往往会在那里发热，出现危险。

（7）了解家庭电路和安全用电知识。有安全用电的意识。

例2　了解：我国电网用交流供电，频率是50Hz，电压是220V。

2．活动建议

（1）通过实验，探究影响金属导体电阻的因素。

（2）测量小灯泡工作时的电阻，画出电阻随电压变化的图线，并进行讨论。

（3）学读家用电能表，通过电能表计算电费。

（4）调查当地近年来人均用电量的变化，讨论它与当地经济发展的关系。

（五）能量守恒

1．内容标准

（1）知道能量守恒定律。能举出日常生活中能量守恒的实例。有用能量转化与守恒的观点分析物理现象的意识。

（2）通过能量的转化和转移，认识效率。

（3）初步了解在现实生活中能量的转化与转移有一定的方向性。

案例分析：火炉的温度高，可以利用它散发的热量取暖。但是，散失的能量虽然还存在于自然界，却不能全部自动聚集起来再利用。

2．活动建议

（1）讨论和分析两个具体的永动机设计方案，说明永动机是不可能的。

（2）访问农机或汽车维修人员，了解内燃机中燃料释放热量的去向，讨论提高效率的可能途径。

（3）调查当地几种炉灶的能量利用效率，写出调查报告。

（六）能源与可持续发展

1．内容标准

（1）能通过具体事例，说出能源与人类生存和社会发展的关系。

例1　介绍不同历史时代人类利用的主要能源。

（2）能结合实例，说出不可再生能源和可再生能源的特点。

（3）了解核能的优点和可能带来的问题。

例2　了解当前处理核废料的常用办法。

例3　了解我国和世界上核能利用的最新进展。

（4）了解世界和我国的能源状况。对于能源的开发利用有可持续发展的意识。

2．活动建议

（1）收集资料，举办小型报告会，讨论能源的利用带来的环境影响，如大气污染、酸雨、温室效应等，探讨应该采取的对策。

（2）收集当地一段时间空气质量的数据，分析空气质量变化的原因。

（3）分别从炊事、取暖、交通等方面对当地燃料结构近年来的变化作调查研究，从经济、环保和社会发展等方面进行综合评价。

（4）调查当地使用的能源，如水能、风能、太阳能、燃料的化学能或核能等，及其对当地经济和环境的影响。

第四部分　实施建议

一、教学建议

《标准》提倡多种教学形式。讲授、讨论、实验探究等教学形式各有自己的特点和适用的场合，它们的长处和不足可以互相补充，应该针对不同的教学内容适当选择。

下面将根据《标准》的课程基本理念和课程目标，结合目前的实际情况提出教学建议。这些建议不求全面，主要是有针对性地强调与新的课程理念相关的几个应注意的问题。

（一）重视科学探究的教学

科学探究是物理课程的重要内容，它应该贯穿于物理教学的各个环节。

1. 鼓励学生积极大胆参与科学探究

科学探究是学生参与式的学习活动。要鼓励学生积极动手、动脑，通过自主的探究活动，学习物理概念和规律，体验到学科学的乐趣，了解科学方法，获取科学知识，逐步树立科学创新精神。要帮助学生克服怕出错、怕麻烦等思想障碍，同时在比较困难的地方给予具体的指导，使学生能够比较顺利地参与科学探究活动。这样做可以让学生更多地体验到成功的愉悦，避免多次失败产生的消极心理影响。

要使学生树立科学的批判精神，敢于质疑。在探究活动开始时可以设置各种问题情境，引导学生发现新的物理情景与已有知识的冲突所在，从而提出问题，并作出合理的假设与猜想。

对于学生所提的意义不大的问题和明显不正确的猜想，不要简单地否定。在充分肯定学生积极性的同时还要指出其正确合理的成分，使他看到自己的成绩，增强参与的勇气。

2. 探究活动的选择

《标准》推荐了许多探究活动，教师可以从中选用。同时还应该结合本地条件和学生的实际情况自己设计一些探究活动。

探究的课题应能激发学生的兴趣。培养学生热爱自然、理解自然的情感以及对科学的探索兴趣，是义务教育阶段物理课程的重要目标之一。选择那些能激发和保持学生兴趣的探究课题，对于达到这样的目标具有重要作用。

探究活动可以是包括所有要素的探究，也可以是只包括部分要素的探究。例如，"研究电冰箱内外的温度差与所耗电能的关系"，问题已经由题目明确给出；"研究电磁继电器的原理"中猜想和假设的特征并不明显。对学生来说，探究活动各个环节的难度是不一样的，适当安排突出不同环节的探究活动，对于学生熟悉科学探究的全过程，充分发挥它的教育作用十分必要。

学生对于科学探究的学习和对于科学知识的学习一样，都应该由简单到复杂，循序渐进。因此，在学习物理的最初阶段，应该选取较简单的探究活动，必要时可以在容易出现困难的环节给予提示；而后逐步深入，最终使学生对于科学探究有比较全面、比较深入的认识。

3. 使学生养成对所做工作进行评估的好习惯

人们在完成某项工作或在工作到达某一阶段时应该进行反思，检查思路和具体措施，发现错误和疏漏。这是责任心的表现，也是科学探究中必不可少的环节。由于这个环节并不影响结论的得出和探究报告的完成，往往不能引起学生的重视。另一方面，学生还常常不知道怎样进行评估。教师在强调评估的重要性的同时可以给出具体的方法。例如，把学生分为两组，一组专门给另一组找问题，然后进行答辩；还可以要求学生检查，看一看结论是否与常识或已经学过的知识相矛盾。这些方法往往有助于发现问题。必要时可以要求学生把评估中考虑到的问题及相应的处理写到探究报告中，以引起学生的重视。

评估的意识也要在除探究外的其他教学活动中体现。例如，要求学生养成习惯，从物理量的单位是否正确、数值是否符合常理的角度来检查运算所得的结果；如果计算得出小灯泡中的电流是几十安培、汽车的功率是几十瓦特，学生应该迅速意识到出现了错误。

4. 重视探究中的交流与合作

在现代社会生活和科学工作中，个人之间和团体之间的交流与合作是十分重要的。教师在安排科学探究活动中，要注意学生这方面良好素质的形成。

物理课的大多数科学探究都不宜以个人为单位进行，应该分组进行，每组2~3人。组内的角色分工要明确，例如甲负责操作、乙负责记录，或不同学生负责从不同信息源中寻找相关信息；另一方面，组内角色要转换，例如第一次甲操作乙记录，第二次乙操作甲记录。要注意发挥每个学生在探究活动中的作用，不能由少数学生包办代替。这样做既能使每个学生都得到机会均等的全面练习，又能充分体现工作中的分工与协作。

在编写科学探究报告、设计表格、描绘图像等工作中，要循序渐进地引导学生用尽可能准确的语言表述自己的探究过程、所得的证据及自己的观点。不但要重视书面表达，也要重视口头表达，要让每个学生都有充分的机会作口头陈述。除探究活动外，教师也应该在其他教学情境中要求学生用科学术语条理清晰地表述所观察到的物理现象，描述某个科学过程，及对某些观点作出简单的评述和分析。

对于多数探究活动来说，探究的过程比探究的结果更重要。在探究活动中，不要为了赶进度而在学生还没有进行足够的思考时草率得出结论。为了让学生充分体验探究的过程，应该安排足够的时间让各种想法、各种观点进行充分的交流和讨论。

在交流及探究的其他环节上，要使学生认真听取与自己不同的意见，而发表自己的意见时则应有充分的根据。

（二）帮助学生尽快步入自主性学习的轨道

建议教师在教学过程中帮助学生自己进行知识构建，而不是去复制知识。前人留给我们的知识，对学生来说仍然是未知的，教师要引导学生自己去认识和发现。无论是课堂讲授、探究活动，还是资料查询，均应重视科学方法的学习和应用。教师应为这一目标的实现多下功夫。

在物理课程中，学生自己在学习中发现问题是至关重要的。当学生提出有价值的问题时教师应该因势利导，让学生知道什么样的问题有价值，这对培养学生发现问题的兴趣，养成提出问题的习惯，都有好处。学生发现并提出问题，是求知的起始，也是教师展开教学的最好开端。抓住这个时机，引导学生尝试着应用实验探究、资料查询、调查访问等方法学习知识乃至创新，是帮助学生尽快步入自主性学习轨道的极好途径。

收集信息和处理信息的能力是现代社会中生存和发展的基本能力，也是自主性学习所必需的能力。教科书和其他参考书是学生获取信息的重要渠道，但不是唯一的渠道。教师要加强指导，使学生发展多方面获取信息的能力。例如，有些实验或探究活动可以由教师事先编写"指导卡"，让学生通过阅读卡片来进行实验或探究活动。又如，教师平时应该注意跟踪电视台的科技栏目，对这些栏目与物理课程的相关程度、节目质量、难度等有所了解，在物理课的学习中及时给学生指出获取最新相关信息的渠道。这样，学生将能逐渐步入自主性学习的轨道。

在学习的一定阶段由学生自己进行小结，根据自己收集的材料编写自问、自答、自解题，也是使学生学会独立学习和整理信息的有效方式。

还可以就某些专题要求学生进行简单研究并书写研究报告。可以对报告的字数和信息源的个数作出要求，还可以要求在报告中包含图片和图表等。最后可以通过讨论会和集中展示的方式进行交流。有的课题还可以开展辩论。

以下是两个专题调查研究报告的例子。

例1　就我国在长江中打捞中山舰的故事写出一个综合报告，并就泰坦尼克号轮船和库尔斯克号核动力潜艇的打捞问题写出建议，总字数不少于1000字。要求从报刊、杂志、百科全书光盘、网络、电视台的科学频道和时事频道收集信息，从科学书刊、科学杂志了解浮力与核能的知识、沉船打捞技术、过去的打捞案例等。

例2　结合影响蒸发的几个因素就植树造林与保护水资源的关系写一篇调查研究报告。字数不少于1000字，要求检索相关的地理和环保的信息源，了解我国水资源分布与植被分布之间的关系，并从影响蒸发的因素上分析开发大西北与植树造林减少水土流失、改善生态环境间的关系。

师生共同努力寻找与所学内容相关的信息源，不断积累和扩大信息库，这是物理教师应该持之以恒的一项基础性工作。这项工作不仅有利于学生自主学习能力的提高，对于科学·技术·社会的教育也有深刻的意义。

（三）保护学习兴趣，探索因人而异的教学方式

学生大都具有强烈的操作兴趣，希望亲自动手多做实验。教师要充分保护和利用这个积极性，让学生更多地参加实验活动。在教学中，出乎学生意料的演示、生动形象的类比、深入浅出的解释、学生生活中以及科技和社会中的有趣事例、幽默风趣的教学语言、探究性的学习活动和小实验、不断出现的挑战性的问题和随之而来的学生讨论，这些都是激发和保持学习兴趣的重要手段。教师不能只满足于让学生感到新奇或吸引学生的注意，更重要的是善于引导学生运用已有的知识和技能，在解决问题的探究过程中获得成功的愉悦。这样才能使学生的学习兴趣持久地保持下去。

及时了解学生的学习情况，对不同学生提出不同的学习任务和要求，这是因材施教的基本手段。有些学生可能对操作性实践或某方面知识表现出特别的兴趣，但对基础知识不一定掌握得很好，对他们不应采取取长补短、遏制兴趣的方法来弥补基础知识的不足，而应爱护他们的兴趣和好奇心，引导他们进一步动手动脑学好物理。要给每个学生创造机会。明确他们所承担的任务，鼓励学生发现问题、提出问题，出主意、想办法。要让每个学生在不同的学习活动中都能发挥自己的长处。

（四）加强与日常生活、技术应用及其他学科的联系

正确的科学观和决策能力是未来国民素质的重要组成因素。教师应该帮助学生通过具体事例认识物理学与社会发展重大课题的紧密联系，从正反两方面理解科学与人类文明发展的关系。

1. 以多种方式向学生提供广泛的信息

教师备课时可以根据《标准》的内容要求选取相关的各种资料。例如在讨论与社会发展相联系的课题时，可以分别从资源（能源）、人口，以

新课程物理怎么教

及环境和生态、交通和居住等方面考虑，要注意结合本地实际，选取学生常见的事例。要尽可能采用图片、投影、录像、光盘等视听媒体。由于物理学与生活、社会有着极为紧密和广泛的联系，教师不可能将庞大数量的信息在有限的教学时间内塞给学生。因此必须改变"只有讲过才算教过"的观念。许多内容可以精选、精讲、点到为止。更多的内容让学生通过阅读教科书和其他补充材料（包括视听材料）、收集各种形式的信息、调查研究和讨论展示等方式学习。除了教材介绍的内容外，教师可以结合本地实际准备几个相关的小课题让学生去做调查研究。例如在学习透镜成像和照相机的原理后，有条件的学校可让学生调查商店里各种照相机的价格和功能，并分析它们的关系。

2. 把阅读理解、收集信息、观察记录作为课后作业的一部分

课外阅读和收集资料是物理教学联系社会和日常生活的重要方式。教师应该选取那些既能引起学生兴趣，又与现实生活有密切联系的素材，包括剪报和音像资料等，供学生课内外学习。例如在学习参照物和相对运动概念后，可让学生读一段附图所示的剪报，再让学生讨论飞机场周围为什么要驱赶鸟类，为什么不能在高速行驶的车辆中向外扔东西。教师要注意教学生在公共媒体中不断收集这类与现实生活密切相关的资料。

在教学中还应该引导学生注意生活、技术中常见物理量的数量级，发展初步的估算能力。例如常见用电器的功率和工作电流、各种声音的频率范围、汽车行驶的速度和飞机飞行的速度等。这也是物理教学联系技术和生活的重要方面。教学中可以结合某些物理量的引入，让学生做些实验估测练习。例如在学过质量单位后可以先让学生用手掂一掂几克、几十克、几百克、1千克的砝码，然后给出一组物品让学生用手估测它们的质量。

（五）提倡使用身边的物品进行物理实验

使用身边随手可得的物品进行探究活动和各种物理实验，可以拉近物理学与生活的距离，让学生深切地感受到科学的真实性，感受到科学和社会、科学和日常生活的关系。另一方面，由于这些物品本来的用途并不是进行物理实验，所以这种做法本身就是一种创新。不能把低成本实验仅仅看作解决设备不足问题的权宜之计。

教师应该因地制宜地设计这种类型的简单实验。如通过搓手发热的活动来感受摩擦生热；用手将空杯子慢慢压入盛水的盆中，让学生感受手掌受力的变化，从而初步体验物体排水多少与浮力的关系。还可以用盛水的玻璃杯和球形烧瓶代替凸透镜来研究成像规律；用盛水玻璃杯代替三棱镜观察太阳光的色散；透过小水滴观察电视荧光屏上的三原色等。

教学中应该多做"试一试"、"动动手"之类的随堂小实验，通过观察和感受使学生受到启发并归纳出结论。还应该让学生多做一些家庭小实验。演示实验应该与学生随堂小实验相结合，不要用演示来替代学生动手的操作，也不要将学生实验仅仅作为验证规律的手段。

《标准》已经把过去教学中的许多演示实验，例如阿基米德原理、欧姆定律的演示等，明确写成学生的探究活动，让学生通过实验自己归纳出规律。

二、教科书编写建议

（一）教科书要为全面落实物理课程目标服务

教科书应该全面体现课程理念，要为实现《标准》所规定的课程目标服务。因此，它不能只是知识的载体，而应担负物理课程在知识与技能、过程与方法、情感态度与价值观等多方面的教育任务，这是考虑教科书编写时的出发点。

教科书的编写依据是课程标准，但是，它应该比《标准》的要求更具体，更生动，更便于操作，渗透着编者对《标准》的领会，因此教科书的编写是一个再创造过程。

强调让学生通过科学探究活动学习物理课程中的内容，是《标准》的基本特点之一。由于我国师生对于这样的学习方式还不熟悉，因此教科书编写者应根据《标准》的基本理念、课程目标，在教科书内容选择、呈现方式等方面为探究活动的实施创造条件。

（二）内容的选择

《标准》为教学内容作了原则性的规定，在《标准》的框架下，教科书在内容选择上有一定的回旋余地。

1．内容的选择应该有利于促进探究活动的开展

义务教育阶段的物理内容是相当丰富的，教科书应该尽可能多选一些便于学生开展探究活动的内容。例如，《标准》规定"探究光在同种均匀介质中传播的一些特点"，在这里就可以设计一个关于小孔成像的探究活动，让学生探究在不同距离上像的形状与物体形状、小孔形状的关系并作出解释，通过归纳得到光的传播规律。又如，"串联电路的总电压等于各部分电路的电压之和"这个规律，无论从所用的器材，还是从探究的难度等方面看，它都是适合学生探究的题材。因此，教科书可以不把串联电路中电压关系的结论在书中明示，这样就创造了条件让学生自主地进行探究。

2．推荐一些开放性的探究课题

教科书中的科学规律，对于学生可能是未知的，学生可以通过探究活动去学习，从中发展探究的能力。但是，作为人类的文化财富，学生往往已经通过各种途径对它有所耳闻，特别是教师常会不自觉地以某种方式把相关的信息传递给学生。所以，在这样的探究活动中学生的体验和真正科学发现过程的体验仍然有很大的差别。

为了弥补这方面的缺陷，教科书应该安排一些没有确定答案的开放性探究课题，例如"探究热水瓶中水的多少与保温性能的关系"、"比较几种不同纸张的吸水性能"……

（三）内容的组织

物理内容出现的顺序与方式、每项内容所用的篇幅等，都体现着一定的教育思想，因此编写教科书时应该在这些地方下功夫。

1．为实施科学探究提供便利

从整体上说，科学探究活动对于教师和学生都是一件新事物，教科书应该给予帮助。在这方面也要遵循由浅入深的原则。例如，可以把比较简单的、局部的探究活动安排在第一学年，对于较复杂的探究活动，教科书可以给出较详细的指导。以后随着学习的深入、探究能力的增强，学生自己设计的内容可以逐渐增多，完整探究活动的比例也逐渐加大。

教科书不仅要对学生课内的探究活动进行指导，而且要为学生课外的、自主的、形式多样的探究活动提供指导。

2. 重视学生的生活经验，不过分强调学科的体系和知识的严密性

《标准》重视学生在学习科学知识时生活经验的作用，不过分强调学科的体系和知识的严密性。这一点应该在教科书的结构上有所体现。有些概念可以在不给严格定义的情况下拿来先用。例如，现代儿童在生活中已经潜在地认识了能量，教学中只要列举实际的事例，学生完全可以形成能量的初步概念，以后在不断的学习中再逐渐加深对这个概念的认识。

《标准》强调通过学生自己的探究获得知识，不要求严格按照知识在学科中的逻辑关系进行教学。例如，在这样的思想指导下，允许让学生通过探究直接认识动滑轮的省力作用，而不是先学杠杆，然后把滑轮作为一种特殊的杠杆来处理。

（四）内容的呈现

1. 形式生动活泼

教科书的形式要生动活泼。图片是呈现科学情境的重要形式。能够用图片表示的，不必再以文字重复。版式要新颖，可以以板块的形式区分各个栏目。版面和内容的关系是辩证的。有时会遇到以叙述为主的教学内容，在页面上表现为文字太多。这种情况下不妨增加一些图片，以使全书图文基本均衡。

2. 教科书应传递多种有益的信息

在教科书（特别是其中的图片）传递的信息中，与科学内容相伴的还有大量其他信息，这些信息都是宝贵的课程资源，同样对学生起着潜移默化的教育作用，不能忽视。

例如，教科书图片中人物性别角色的呈现就需要注意。如果进行物理实验的、开动机器的都是男性，唱歌跳舞的都是女性，就会对学生产生不正确的引导。我国是多民族的国家，少数民族形象的多少及在书中的角色也是一个应该注意的问题。

教科书选用的材料应该反映最新的科技成果。学生使用这样的教科书，除了学到科学知识外，还能感受到时代的脉搏，保持积极向上的精神状态。

科学是全人类文化的结晶，在涉及物理学发展史和科学家的事迹时，要注意世界上多种文明对科学发展的贡献，特别是中华文明的贡献。

（五）每种教科书都要有自己的特色

内容标准按科学知识的内在属性，将学习内容分成了"物质"、"运动和相互作用"、"能量"三大部分，教材可以按这个结构编写，也可以按其他线索展开学习内容，以体现自己的特色。

"内容标准"对科学内容提出了基本要求，但没有规定内容的呈现形式。教科书的编者可以在《标准》要求的基础上，针对特定的读者突出自己的特色。例如可以编写强调某些重要规律的教科书，也可以编写开阔学生眼界、拓宽知识面的教科书；可以编写强调物理与其他自然科学相互渗透的教科书，也可以编写广泛展示物理学与技术和社会的联系的教科书。

城市地区、农村地区，经济发达地区和不发达地区，学生的生活经验和学习条件差异很大，编者应该为不同的学生编写不同的教科书。我国幅员辽阔，人口众多，经济社会发展极不平衡，迫切需要多样化的各有特色的教科书。

三、课程资源开发和利用建议

课程资源包括各种形式的教科书、教师教学用书、科技图书、录像带、视听光盘、计算机教学软件、实验室，以及校外的工厂、农村、科研院所、科技馆、电视节目等。

（一）文字教学资源

我国地域广阔，人口众多，经济社会发展极不平衡。应该编写具有不同特色、适应不同需要的多样化的教科书。这部分内容在"教科书编写建议"中已有详尽阐述。

教师应该根据学生实际和当地环境，从大量的教学资源中精选适当的教学内容，不要受某一种教科书的局限，要吸取不同教科书的长处。教师还可以自己编写某些教学补充材料。学校图书馆应该基本满足学生课外阅读的需要。科学教育不可能只通过课堂学习来进行，课外阅读在扩大学生的知识面、树立科学的价值观等方面都能起到重要的作用。

（二）多媒体教学资源

物理教学离不开现实的物理情境。但是，学生的直接经验、学校的实验室条件，都是有限的，也不可能让学生做太多的现场参观，因此，切合

191

学习实际的音像资料是十分必要的。

音像资料的收集与选择应该注意以下几点：

1. 收集学生难以见到的、有重要物理意义的、展示科学技术发展的实况录像，例如航天发射、大型船闸、蒙古包外的风力发电机、小山村的水磨、激光手术等。

2. 利用快录、慢录、显微摄影等技术手段拍摄的音像资料，向学生展示物理过程的细节。例如，利用慢录快放展示颜料在液体中的扩散；用快录慢放展示足球受力后的形变及运动方向的变化。

3. 收集课堂上难以完成的实验录像资料。例如用磁悬浮表现超导；以粗铁丝作棱，以薄橡胶膜作面做成中空立方体，放到水中表现液体内部各个面的受压情况。

音像资料可以使用一些动画对科学知识进行说明，但不宜过多。音像资料的主要功能应该是帮助学生接触科学现实。

投影片、挂图是展示物理情境的有效手段，应该继续开发这方面的教学资料。计算机多媒体软件以其交互性和超文本链接的能力显示了它在科学教育中的巨大发展潜力。在物理课的学习中提倡智能型软件，学生输入条件后它按照科学规律自动给出正确的情境。例如，凸透镜的焦距由学生给定后，用鼠标拖动"物体"，计算机就按科学规律给出物体的像，其位置、大小、正倒、虚实都由机器正确地呈现出来。这种教学软件可以丰富学生对于物理情境的感性认识，深化对于科学规律的理解。对于中学实验室中不能完成的实验，这类软件的意义更为重要。

学校应该加快局域网的建设和与因特网的连接，鼓励学生从网上获取信息。

学校图书馆应该积极扩大音像资料和计算机多媒体教学软件的收藏，有条件的学校应建立电子阅览室。

（三）实验室资源

《标准》的很多教学内容要求通过科学探究活动来学习，因此应该逐步做到大部分物理课在实验室中进行，要为达到这一目标创造条件。

学校和教师应该根据标准的要求安排足够的学生实验和演示实验。应该充分利用实验室现有的器材，尤其应该利用多年闲置的器材开发新的实验。

学校实验室应该为师生利用身边的物品、廉价的材料进行物理实验提供便利。有些成功的实验可以作为学校的常规实验保留下来。

实验室应该不断增加和更新仪器设备，为学生的科学探究活动创造可靠的物质条件。

（四）社会教育资源

社会教育资源主要来源于报刊、电视、科技馆、展览会、少年宫、公共图书馆，以及工厂、农村、科研单位、大专院校等。为了让所有学生都受到良好的科学教育，除了学校教育的主渠道之外，充分开发社会性的教育资源是一个重要的课题。

电视是一种普及的大众传播媒介，教师可以从两个方面利用电视进行科学教育。一方面，向学生介绍电视中的科学教育栏目，例如可以结合课堂教学向学生预报某个节目，建议学生收看并写出记录或进行讨论、交流。要使学生养成习惯，关心电视中的科学节目。另一方面，要通过电视台的新闻节目使学生了解科学技术的最新成果，养成关心科技发展的习惯。科技馆、少年宫集中了许多有趣的大中型科学教育的器材，这是一般学校难以做到的，教师应该充分利用这些科学教育资源。这样的科学教育场所，主要目的是激发参观者对于科学的兴趣。在组织学生参加这样的活动时，目的性应该明确。

参观工厂、农村、科研单位可以使学生体会科学与技术、科学技术与社会的关系。这样的参观往往具有科学教育、政治思想教育等多种功能，可以由不同学科的教师联合组织。

在互联网上可以找到很多国内外的科学教育网站，有综合性的，也有专科的，有的和中学课程结合十分紧密，有的对于扩大知识面很有好处。这类网站有的交互性很强，有的则以展示科学成果为主，多数是免费的。教师应该向学生介绍一些好的网站，也可以下载一些与课程直接相关的内容，在教学中使用。

四、学生学习评价建议

学生学习评价对于课程实施具有很强的导向作用。在评价的内容和形式上，应该注意以下几个方面：

1. 强调评价在促进学生发展方面的作用，不强调评价的甄别与选拔的功能。

2. 重视学生在活动、实验、制作、讨论等方面表现的评价，不赞成以书面考试作为唯一的评价方式。

3. 倡导客观记录学生成长过程中的具体事实，不过分强调评价的标准化。

（一）评价的目的

学生学习评价的目的是促进学生在知识与技能、过程与方法、情感态度与价值观方面的发展，发现学生多方面的潜能，了解学生发展中的需求，使每一个学生通过评价都能看到自己在发展中的长处，增强学习的信心。评价应全面客观地反映教学的真实情况，为改进教学提供真实可靠的依据。

（二）评价的内容

评价的内容应该与课程目标一致。

1. 知识与技能

应该客观记录学生提出的问题以及在物理实验、小论文、小制作和科学探究等活动中的表现，从中了解学生对知识与技能的学习情况。笔试只是评价学生学习的方式之一。

在义务教育阶段，校内测验的主要目的不是筛选和甄别，所以，命题应体现课程目标的要求，不应该追求区分度，更不能以校外某种考试作为对学生评价的标准。笔试应逐步做到开卷与闭卷相结合。物理学是实践性很强的科学，命题应该注意向联系实际的方向引导。要避免死记教科书中的条文，避免在概念的严密性上做文章，避免烦琐的数学计算。题目中的物理情景应该有实际意义，避免故意编造。

命题的着眼点是了解学生的学习情况，而不应该在枝节问题上纠缠。故意设置误区，诱导学生犯错误，对于学习基本的科学知识没有帮助，久而久之反而会使学生产生畏惧心理，十分有害。

2. 过程与方法

在这方面要评价学生的观察能力、提出问题的能力、作出猜想和假设的能力、收集信息和处理信息的能力、交流的能力。学生应该反思自己的表现、体验和进步，记录有代表性的事实，了解自己的进步。教师也应该观察和记录学生的表现并和过去的记录进行比较。在过程与方法的评价中，要特别注意形成性评价与终结性评价的结合，即不仅要注意学生通过过程与方法的学习获得了什么，更应该记录学生参加了哪些活动、投入的程度如何、在活动中有什么表现和进步等情况。对于过程与方法的学习，档案式评价能发挥其独特的作用。

3. 情感态度与价值观

教师应该通过学生在学习过程中的表现来了解学生在情感、科学态度、科学的价值观方面的现状和进步，注意观察，做出记录，并和过去的记录进行比较。学生也应该在这些方面反思自己的表现和内心体验。应该重视学生对于科学·技术·社会问题认识的评价。这方面的评价主要是记录学生对这个问题投入的程度，促进学生对于科学技术与社会之间关系的关注。

（三）评价的形式

1. 提倡用记录卡片的形式记录学生学习的情况

学生在学习档案中要收录物理学习的重要资料，如遇到的疑难问题及其解答，在探究活动中最出色的表现，被否定过的观点，通过努力最后解决的难题，设计巧妙的小制作，优秀的小论文，典型的作业，学习中的观察记录等。

提倡"课堂日志"和"现场笔记"。由教师和学生把课堂中发生的事情如实记录下来，客观描述学生在活动中的表现，通过访谈等多种途径收集学生的表现情况。

2. 笔试应该逐步做到开卷与闭卷结合

知识与技能的考查应该注重理解和应用，不宜过多考查记忆性的内容，因此建议一部分笔试采取开卷的形式，这样一方面避免引导学生死记硬背，另一方面也可以减轻学生心理负担。

3. 不宜评定"综合"的分数或等级，不以同一模式要求所有的学生

要对形成性评价和终结性评价予以同等重视。要对知识与技能、过程与方法、情感态度与价值观进行全面评价。应该采用笔试、实验操作与学习档案等多种方式进行评价。不同的评价方式反映不同的侧面，在很多情况下它们是不可比的，所以不宜按某种权重对各种评价的结果进行合并，

不宜给出一个"综合"的分数或等级。应该鼓励学生按照自己的特长和爱好分别在实验、制作、理论学习、社会调查等某方面有突出的发展。不能削长补短，以同一个模式要求所有的学生。

《标准》中部分行为动词界定①

类型		水平	各水平的含义	所用的行为动词
知识技能的目标动词	知识	了解	再认或回忆知识；识别、辨认事实或证据；举出例子；描述对象的基本特征	了解、知道、描述、说出
		认识	位于"了解"与"理解"之间	认识
		理解	把握内在逻辑联系；与已有知识建立联系；进行解释、推断、区分、扩展；提供证据；收集、整理信息等	区别、说明、解释、估计、理解、分类、计算
	技能	独立操作	独立完成操作；进行调整或改进；尝试与已有技能建立联系等	测量、会、学会
体验性要求的目标动词		经历	从事相关活动，建立感性认识等	观察、经历、体验、感知、学习、调查、探究
		反应	在经历基础上表达感受、态度和价值判断；作出相应反应等	关心、关注、乐于、敢于、勇于、善于
		领悟	具有稳定态度、一致行为和个性化的价值观念等	形成、养成、具有

---

① 《标准》中有的行为动词前加有"初步"、"大致"、"简单"等词，其对应的水平比原行为动词的水平低。